Lo que la gente está diciendo acerca del Apóstol Guillermo Maldonado y sus libros...

Mi amigo el Apóstol Guillermo Maldonado brillantemente lo prepara para formar parte del remanente de Dios de los últimos tiempos. Solo falta un minuto para la medianoche. ¡El tiempo se está acabando!

—*Sid Roth*
Anfitrión del programa, *Es Sobrenatural!*

El Espíritu Santo le ha dado al Apóstol Guillermo Maldonado esta revelación tan poderosa sobre el *Sacudimiento y avivamiento de los últimos tiempos*. Es verdaderamente un libro bendecido, una visión de las cosas que están sucediendo para preparar a la iglesia para lo que está aconteciendo en estos últimos días. El Apóstol Maldonado está grandemente ungido por el Espíritu Santo para demostrar la gloria de Dios a esta generación. Usted necesita leer *Sacudimiento y avivamiento de los últimos tiempos* y prepararse para las manifestaciones del gran poder de Dios en su iglesia y en su vida. Usted será bendecido por un encuentro divino con el poder y la gloria de Dios.

—*Profeta Glenda Jackson*
Autora de *Caminando en profecía, señales y maravillas*

Mi amigo el Apóstol Guillermo Maldonado es una de las voces más importantes de América y más allá. Su pasión por Jesús es contagiosa. Habla con gran autoridad y sabiduría mientras vive muy consciente de los tiempos que vivimos como iglesia en este mundo. Recomiendo ampliamente a este fiel servidor del Señor y el mensaje que trae para todos nosotros.

—*Bill Johnson*
Bethel Church, Redding, CA
Autor de numerosos libros, incluyendo *Cuando el cielo invade la tierra* y *El poder sobrenatural de una mente transformada*

En *Jesús regresa pronto,* el Apóstol Guillermo Maldonado enfatiza, "Esta generación está a punto de ver el más grande derramamiento del Espíritu Santo y el más grande avivamiento de la historia. La iglesia remanente está a punto de entrar en la gloria de Dios... La tierra comenzó con la gloria de Dios manifestada en la creación, y terminará con la gloria manifestada en las maravillas sobrenaturales de los últimos días, las cuales Dios está a punto de revelar". Este libro muestra cómo se puede participar en el mayor avivamiento de Dios y ver las manifestaciones de Su gloria durante estos últimos días trascendentales ¡antes del regreso de Jesucristo!

—*Paula White-Cain*
Paula White Ministries
Evangelista y Pastora Principal
New Destiny Christian Center, Orlando, FL

Amo a Guillermo Maldonado y su pasión por traer de vuelta la urgencia del regreso de Cristo como punto central de la iglesia. Muchos cristianos están consumidos por vivir un destino ahora sin que les importe vivir para un destino eterno: estar con Jesús donde Él está. Al compartir su perspectiva, Guillermo siempre apunta a la eternidad, y esto hace que la gente tenga una mayor esperanza que si sólo escuchara sobre cómo vivir su salvación en este mundo turbulento. Necesitamos que el enfoque superior de nuestra vida eterna nos motive en el ahora. También necesitamos que Jesús sea el centro de ese enfoque eterno, y *Jesús regresa pronto* ayuda a redefinir nuestra visión mientras también nos guía como una brújula. Hay tantas perspectivas diferentes sobre cómo volverá Jesús y cómo será ese día. Aunque su perspectiva teológica difiera, le animo a leer este libro para ganar nueva pasión y vivir de cara a la eternidad en su vida cotidiana.

—*Shawn Bolz*
Anfitrión, *Translating God* programa de television
Anfitrión, *Exploring the Prophetic* podcast
Autor, *Interpretando a Dios* y *Los secretos de Dios*
www.bolzministries.com

Jesús regresa pronto es un libro importante. Mucha gente está confundida sobre la verdad bíblica básica. La realidad es que Jesús regresa pronto, tal y como el Apóstol Maldonado afirma claramente. Debido a este hecho, alcanzar el mundo para Cristo es uno de nuestros mandatos primordiales. Uno no puede leer simplemente este libro sin encontrar un corazón ardiendo por las almas perdidas, así como anhelando el regreso de nuestro Salvador.

—*Cindy Jacobs*
Generals International

Su vida tiene importancia porque usted fue creado por Dios con un propósito. Una tarea fundamental que tenemos como creyentes es descubrir nuestro propósito. Pero otra tarea importante es aprender cómo alcanzar ese propósito. ¡En su libro *Creados para un propósito,* el Apóstol Guillermo Maldonado explica claramente el proceso necesario para llegar a la meta de una vida exitosa!

—*Dr. Rod Parsley*
Pastor y fundador de World Harvest Church
Columbus, OH

A veces los creyentes corren sin rumbo por la vida, sin una brújula verdadera que los guíe en su viaje. No conocer nuestro propósito es una de las peores situaciones en las que podemos estar. Pero finalmente, ¡ya no hay excusa! El Apóstol Guillermo Maldonado nos ha dado un plano del diseño para descubrir y convertirnos en todo lo que Dios nos ha creado para ser. ¡*Creados para un propósito* ayudará a equipar a miles de creyentes en Cristo Jesús para cumplir su destino ordenado por Dios!

—*Dr. James W. Goll*
Autor, conferencista, entrenador de comunicaciones y artista de grabación
God Encounters Ministries

El Apóstol Guillermo Maldonado ha sido un hijo espiritual para mí por muchos años. Es uno de los creyentes más comprometidos que he conocido y, francamente, es un genio espiritual. Su libro *Creados para un propósito* demuestra cómo todos estamos preocupados por comprender nuestro destino y tener una visión clara, y sé que las claves en este libro le traerán una gran seguridad en estas áreas vitales de su vida.

—*Marilyn Hickey*
Ministerios Marilyn Hickey

El Apóstol Guillermo Maldonado está liderando un increíblemente poderoso movimiento de Dios en el mundo. He tenido el honor de ser testigo de su amor y devoción a la presencia de Dios, lo cual crea una atmósfera para que el Señor se mueva en señales, maravillas y milagros. ¡Su ministerio ha tocado incontables vidas con el poder redentor de Jesús!

Su nuevo libro *Oración de rompimiento*, está escrito con un espíritu de excelencia, una marca que distingue a todo lo que hace Maldonado. Este libro es una representación de su impulso y pasión para que la novia de Cristo esté preparada y se asocie con lo que Jesús quiere hacer en la tierra. En sus páginas, no encontrará palabras vacías para recitarle a Dios, sino por el contrario, percepción divina y activación para lograr una comunicación de dos vías con el Padre.

—*Kris Vallotton*
Líder Asociado Principal de la Iglesia Bethel, Redding, CA
Cofundador de la Escuela Bethel del Ministerio Sobrenatural

Oración de rompimiento es un excelente libro que trata acerca de lo preciosa y poderosa que es la oración. En este maravilloso libro, recibirá instrucciones sobre cómo edificar una relación personal con Dios el Padre. Sin duda, obtendrá los conocimientos necesarios sobre la prioridad que debe tener la oración sincera, y le enseñará cómo entrar al lugar secreto de oración. Su vida será enriquecida a medida que profundice en el studio de este libro y aprenda a crecer en oración, para moverse a un ámbito espiritual más elevado. ¡Dios se mueve cuando oramos! Recuerde que, a través de la oración, estamos forjando el futuro y dándole forma al ahora. No pierda tiempo, obtenga este libro y comience su viaje spiritual hacia una vida de oración más profunda y comprometida.

—*Bobby Conner*
Ministerios Vista de Águila

El Apóstol Maldonado es un vaso ungido de Dios. Su mensaje es del Espíritu Santo, y el Apóstol está lleno de perspicacia y revelación. Él está dotado para traer verdades ocultas. Su caminar espiritual con el Señor se verá enormemente realzado después de leer [*Oración de rompimiento*].

—*Dr. Don Colbert, MD*
Autor más vendido del *New York Times*

SACUDIMIENTO Y AVIVAMIENTO DE LOS ÚLTIMOS TIEMPOS

AUTOR DE BEST SELLERS
GUILLERMO MALDONADO

Nota: Este libro no está destinado a proporcionar asesoramiento médico, ni a sustituir el asesoramiento médico ni el tratamiento de su médico personal. Ni el editor, ni el autor, ni el ministerio del autor asumen responsabilidad alguna por las posibles consecuencias de cualquier acción tomada por personas que lean o sigan la información de este libro. Si los lectores toman medicamentos recetados, deben consultar con sus médicos y no dejar de tomarlos sin la debida supervisión médica. Siempre consulte a su médico u otro profesional de la salud calificado, antes de emprender cualquier cambio en su régimen físico, ya sea mediante ayuno, dieta, medicamentos o ejercicio.

A menos que se indique lo contrario, todas las citas bíblicas han sido tomadas de la versión *Santa Biblia, Reina-Valera 1960* (RVR), © 1960 Sociedades Bíblicas en América Latina; © renovado 1988 Sociedades Bíblicas Unidas. Usadas con permiso. Las citas bíblicas marcadas (NVI) son tomadas de la *Santa Biblia, Nueva Versión Internacional*®, NVI®, © 1986, 1999, 2015 por Biblica, Inc.® Usada con permiso. Derechos reservados en todo el mundo.

El texto en negrita en las citas bíblicas representa el énfasis del autor.

Las formas *SEÑOR* y *DIOS* (escritas en mayúsculas pequeñas) en las citas bíblicas, aluden al nombre hebreo de Dios *Yahweh* (Jehová), mientras que *Señor* y *Dios* escrito normalmente indican el nombre *Adonai*, según la versión de la Biblia usada.

Todas las definiciones de las palabras en hebreo y griego son traducciones al español de la versión electrónica de *Strong's Exhaustive Concordance of the Bible*, STRONG, © 1980, 1986, y asignadas a World Bible Publishers, Inc. Usadas con permiso. Todos los derechos reservados.

El Centro de Investigación Pew no se responsabiliza de los análisis o interpretaciones de sus datos presentados en este libro. Las opiniones expresadas aquí, incluyendo cualquier implicación política, son del autor y no del Centro de Investigación Pew.

Créditos ERJ:
Editor: José M. Anhuaman
Desarrollo editorial: Gloria Zura
Traducción: Vanesa Vargas
Diseño de portada: Danielle Cruz-Nieri

Sacudimiento y avivamiento de los últimos tiempos

Guillermo Maldonado
13651 S.W. 143rd Ct., #101 • Miami, FL 33186
Ministerio Internacional El Rey Jesús / ERJ Publicaciones
www.elreyjesus.org | www.ERJPub.org

ISBN: 978-1-64123-772-7
eBook ISBN: 978-1-64123-773-4
Impreso en los Estados Unidos de América

Whitaker House
1030 Hunt Valley Circle
New Kensington, PA 15068
www.whitakerhouse.com

1 2 3 4 5 6 7 8 9 10 11 UU 28 27 26 25 24 23 22 21

CONTENIDO

1. Primero sacudimiento, después avivamiento: el orden del ciclo de los últimos tiempos 11

PARTE I: DIOS ESTÁ SACUDIENDO LA TIERRA

2. El sacudimiento de los últimos tiempos 29
3. La corrupción moral de la humanidad 47
4. Los propósitos de Dios para el sacudimiento 65
5. El juicio de Dios 77
6. Cómo evitar el juicio 95

PARTE II: ¡EL AVIVAMIENTO DE LOS ÚLTIMOS TIEMPOS SE ACERCA!

7. La historia del avivamiento 109
8. ¿Qué es avivamiento? 139
9. Por qué mueren los avivamientos 155
10. El propósito del avivamiento 169
11. Condiciones para el avivamiento 187

Conclusión: Un tiempo de consagración 202

Acerca del autor 207

CAPÍTULO 1

PRIMERO SACUDIMIENTO, DESPUÉS AVIVAMIENTO: EL ORDEN DEL CICLO DE LOS ÚLTIMOS TIEMPOS

La Escritura nos enseña que existe un orden, o secuencia, en que se desarrollarán los planes de Dios para los últimos tiempos: el sacudimiento precederá al avivamiento; luego el avivamiento traerá la más grande cosecha de almas para Cristo que jamás hayamos visto, incluso en medio del sacudimiento. Conforme a los propósitos soberanos de Dios, no podemos entrar en avivamiento sin antes experimentar el sacudimiento. Sin embargo, muchas personas están confundidas y temerosas del sacudimiento porque no entienden el orden o el significado del ciclo de los últimos tiempos.

Bajo la guía del Espíritu Santo he escrito *Sacudimiento y avivamiento de los últimos tiempos,* con el fin de ayudar a la iglesia y al mundo a discernir el significado de los sacudimientos sin precedentes que están ocurriendo en la tierra, y para revelarles cómo podemos participar en las manifestaciones de la gloria de Dios en los últimos tiempos. Aquí profundizo sobre temas de los últimos tiempos que introduje en mis libros anteriores, explicando cómo responder correctamente a los sacudimientos divinos, cómo ser llenos continuamente del Espíritu, cómo participar en el avivamiento mundial, y cómo moverse en lo sobrenatural.

Durante el avivamiento de los últimos tiempos estaremos expuestos a varias facetas del poder del Espíritu Santo, incluyendo las crecientes manifestaciones de Su luz e intensidad —la revelación de la verdad y la santidad de Dios— junto con señales y maravillas. El avivamiento estallará simultáneamente en diferentes partes del mundo, lo que creará un tremendo impacto global. En la parte final del avivamiento veremos el comienzo del juicio de Dios sobre el mundo. Después, Jesús, en Su gloria, aparecerá por Su iglesia remanente, y el mundo pasará por la gran tribulación (vea Mateo 24:21). Estos eventos conducirán a lo que la Biblia llama "*la plenitud de los tiempos*" (Efesios 1:10), que son los eventos culminantes de la segunda venida de Jesús, Su reinado en la tierra durante el milenio, y el juicio final para aquellos que no han creído en Dios ni en Su Hijo Jesucristo.

EL SACUDIMIENTO DE LOS ÚLTIMOS TIEMPOS

Como la Biblia nos dice, nadie sabe el día ni la hora en que Jesús regresará por Su iglesia (vea Mateo 24:36), porque Su venida será repentina, abrupta, y cuando menos lo esperemos: "*Porque vosotros sabéis perfectamente que el día del Señor vendrá, así como ladrón en la noche*" (1 Tesalonicenses 5:2). Sin embargo, como indiqué arriba, podemos analizar el orden de los eventos que culminarán con la segunda venida de Jesús a la tierra.

Primero, quiero establecer esta verdad fundamental: todos los disturbios que están sucediendo a nuestro alrededor, y que están causando tanta consternación entre la gente, son señales de Dios que apuntan a la venida de Cristo. A medida que nos acercamos al final, veremos intensificarse estas señales y volverse más frecuentes y evidentes.

En segundo lugar, sabemos que Dios mismo está detrás de los sacudimientos, porque Él nos dijo a través del profeta Hageo, y en otros pasajes bíblicos, que así ocurriría:

> *Porque así dice Jehová de los ejércitos: De aquí a poco yo haré temblar los cielos y la tierra, el mar y la tierra seca; y haré temblar a todas las naciones, y vendrá el Deseado de todas las naciones; y llenaré de gloria esta casa, ha dicho Jehová de los ejércitos. Mía es la plata, y mío es el oro, dice Jehová de los ejércitos. La gloria postrera de esta casa será mayor que la primera, ha dicho Jehová de los ejércitos; y daré paz en este lugar, dice Jehová de los ejércitos.* (Hageo 2:6–9)

La profecía en la Biblia nos da revelación en cuanto a tres grupos: Israel, la iglesia y el mundo. Dios ama a las personas de cada grupo, y todos tienen un rol en Su plan para la raza humana en el final de los tiempos. Él eligió a Israel para que ejerciera el sacerdocio en el mundo, y adoptó a los gentiles como parte de Su familia gracias a la venida de Jesús. No obstante, aquellos que lo han rechazado por completo —gente de ambos grupos— son llamados "el mundo", porque están viviendo de manera contraria a Sus propósitos divinos.

Es importante entender que la profecía de Hageo citada arriba está dirigida a los tres grupos, pero de manera diferente. Durante el sacudimiento cada grupo es procesado de forma distinta. El sacudimiento de la iglesia es diferente al sacudimiento de Israel o del mundo. El sacudimiento de la iglesia es para purificación; el sacudimiento de Israel es para salvación; y el sacudimiento del mundo es para juicio, pero si la gente se rinde a Dios, será para arrepentimiento. Cada grupo experimentará sacudimiento, y los resultados serán para la gloria del Señor. La iglesia remanente se llenará de la gloria de Dios y demostrará Sus señales y maravillas, los judíos comenzarán a reconocer a su Mesías en mayor número, y muchas personas del mundo reconocerán que solo Dios tiene las respuestas a sus dilemas y angustias.

PELIGRO EN EL COSMOS

A medida que el sacudimiento de los últimos tiempos progresa, habrá peligro en el cosmos. En el libro de Isaías leemos, *"Porque* ***haré estremecer los cielos, y la tierra se moverá de su lugar,*** *en la indignación de Jehová de los ejércitos, y en el día del ardor de su ira"* (Isaías 13:13). Dios me ha mostrado que habrá caos en el cosmos, y esta revelación es confirmada por lo que Él previamente anunció en Su Palabra. En este siglo, las guerras entre naciones se librarán especialmente en el espacio exterior. Rusia, China y otras naciones parecen estar armándose con la intención de llevar a cabo una guerra espacial contra los satélites militares y de comunicaciones de los Estados Unidos.[1] En 2019, el país norteamericano conformó la Fuerza Espacial de EE. UU. (USSF por sus siglas en inglés) "con el fin de proteger

1. "EE. UU. planifica una guerra cósmica contra Rusia y China" ["The US Plans a Cosmic War Against Russia and China"], octubre 24, 2016, https://www.hispantv.com/noticias/ee-uu-/312107/guerra-cosmica-satelites-rusia-china.

los intereses de Estados Unidos y sus aliados en el espacio y proporcionar capacidad espacial a la fuerza conjunta",[2] reconociendo que si puede proteger con éxito su capacidad satelital de los ataques de otras naciones, mantendrá su fuerza militar en la tierra.[3]

Pero la guerra contra los satélites no es el único peligro que involucra al cosmos. Estudios de la NASA predicen que en 2029 el asteroide Apophis pasará muy cerca de la tierra, a menos de 20,000 millas, aunque cálculos de 2004 indicaban que chocaría con nuestro planeta.[4] Este asteroide recibió el nombre de Apophis en referencia a un "antiguo espíritu egipcio del mal, la oscuridad y la destrucción".[5] Este pasaría más cerca que la distancia a la que se encuentran algunos satélites, y aunque hay diferencias en el cálculo del número de años, no está claro si la tierra está completamente fuera de peligro de un impacto. En tiempos recientes, hemos visto el sacudimiento de la naturaleza y otros ámbitos en la tierra, aunque aún no lo hemos visto en el espacio. Es posible que veamos un adelanto de esto antes del rapto de la iglesia.

El profeta Thomas Horn, quien predijo la renuncia del Papa Benedicto XVI,[6] recientemente tuvo una visión nocturna en la que vio lo que parecía una especie de dragón gigante y feroz moviéndose como una culebra y bajando directamente hacia la tierra. De repente, su perspectiva cambió, y pudo ver desde arriba y darse cuenta que este aparente dragón era en realidad un asteroide moviéndose y brillando al reflejar la luz del sol. Su perspectiva cambió nuevamente a la tierra, y desde una montaña vio a miles y miles de personas que corrían por sus vidas, gritando con desesperación y pidiéndole a Dios que los salvara. Después vio que esa roca gigante y

---

2. "USSF Mission" ["Misión USSF"] United States Space Force, https://www.spaceforce.mil/About-Us/About-Space-Force/Mission/.
3. Chris Bowlby, "Could a War in Space Really Happen?" ["¿Podría realmente ocurrir una guerra en el espacio?"] BBC News, diciembre 19, 2015, https://www.bbc.com/news/magazine-35130478.
4. "NASA Analysis: Earth Is Safe from Asteroid Apophis for 100-Plus Years" ["Análisis NASA: La tierra está segura del Asteroide Apophis por 100 años o más"], Asteroids, NASA, marzo 26, 2021, https://www.nasa.gov/feature/jpl/nasa-analysis-earth-is-safe-from-asteroid-apophis-for-100-plus-years.
5. J. Hill, "Apep (Apophis)," Ancient Egypt Online, 2010, https://ancientegyptonline.co.uk/apep/.
6. Tom Horn y Cris Putnam, "The Final Pope & Project Lucifer" ["El último Papa y el proyecto Lucifer"], entrevista con Sid Roth, *It's Supernatural!*, video YouTube, 22:52, marzo 31, 2013, https://www.youtube.com/watch?v=VTmgmJ_PfIE.

ardiente entraba a la atmósfera y se rompía en pedazos que caían en diferentes lugares. La tierra empezó a sacudirse violentamente, y el sonido que producía era como si el mundo se viniera abajo. Nadie podía permanecer de pie. Una enorme sección del asteroide había caído al mar, provocando un gran tsunami con olas de cientos de pies de altura que inundaron la cima de la montaña.

Thomas dijo que, después de esto, sintió cómo unas manos muy grandes lo levantaron hasta el espacio. Mirando hacia abajo, vio el agua del océano hirviendo, volcanes en erupción, y huracanes tremendos irrumpiendo. Cuando se despertó, casi se cae de la cama porque la visión había sido tan vívida y la había sentido tan real. Cuando se recuperó y empezó a escribir lo que había visto, fue como si oyera una voz muy fuerte en su cabeza, diciendo un nombre: *Apophis.*[7] En Apocalipsis 8:10–11, la Biblia habla de una estrella llamada Ajenjo que caerá en una tercera parte de las aguas y causará que muchos mueran:

> *El tercer ángel tocó la trompeta, y cayó del cielo una gran estrella, ardiendo como una antorcha, y cayó sobre la tercera parte de los ríos, y sobre las fuentes de las aguas. Y el nombre de la estrella es Ajenjo. Y la tercera parte de las aguas se convirtió en ajenjo; y muchos hombres murieron a causa de esas aguas, porque se hicieron amargas.*

En los últimos días, caerán asteroides sobre la tierra y harán que nuestro planeta se mueva de su eje. Cuando se produzca el sacudimiento del cosmos, se interrumpirán todas las señales de comunicación. "*E inmediatamente después de la tribulación de aquellos días, el sol se oscurecerá, y la luna no dará su resplandor, y las estrellas caerán del cielo, y las potencias de los cielos serán conmovidas*" (Mateo 24:29). La tribulación a la que Jesús se refiere aquí no es la gran tribulación al final de la era, sino el sacudimiento que precede al avivamiento de los últimos tiempos. Hambrunas, pestes, pandemias, plagas, inundaciones, incendios, tsunamis, huracanes, terremotos y mucho más sucederá al mismo tiempo. Juan describió todo esto en una visión que registró en Apocalipsis:

7. Tom Horn, entrevista con Sid Roth, *It's Supernatural!*, 28:30, marzo 8, 2020, https://sidroth.org/television/tv-archives/tom-horn-2/.

Miré, y he aquí un caballo amarillo, y el que lo montaba tenía por nombre Muerte, y el Hades le seguía; y le fue dada potestad sobre la cuarta parte de la tierra, para matar con espada, con hambre, con mortandad, y con las fieras de la tierra. Cuando abrió el quinto sello, vi bajo el altar las almas de los que habían sido muertos por causa de la palabra de Dios y por el testimonio que tenían. Y clamaban a gran voz, diciendo: ¿Hasta cuándo, Señor, santo y verdadero, ¿no juzgas y vengas nuestra sangre en los que moran en la tierra? Y se les dieron vestiduras blancas, y se les dijo que descansasen todavía un poco de tiempo, hasta que se completara el número de sus consiervos y sus hermanos, que también habían de ser muertos como ellos. (Apocalipsis 6:8–11)

SEÑALES DE LOS ÚLTIMOS TIEMPOS

Hoy en día, este sacudimiento ya está teniendo lugar frente a nuestros ojos. Por ejemplo, mientras escribo este libro, estamos experimentando una de las más grandes pandemias en los últimos cien años, la COVID-19. El sitio web Worldometer registra que, para el 6 de agosto de 2021, había más de 202 millones de casos y casi 4.3 millones de muertes.[8]

LAS SEÑALES DE LA VENIDA DE CRISTO SON EL SACUDIMIENTO, EL AVIVAMIENTO, Y LA COSECHA DE ALMAS.

En 2020, las Naciones Unidas declararon que la plaga de langostas que afectó al África fue "la epidemia migratoria más peligrosa del mundo". Esos insectos dejaron a millones de personas en una emergencia alimentaria.[9] Los incendios forestales en Australia durante los años 2019 y 2020, como resultado del cambio climático, fueron de una magnitud que no se esperaba que ocurrieran antes del próximo siglo. Ecosistemas completos desaparecieron bajo las llamas. Entre julio de 2019 y febrero de 2020, 37,500 millas

8. https://www.worldometers.info/coronavirus/.
9. "La plaga de langostas es la epidemia migratoria más peligrosa del mundo" ["The Locust Plague Is the Most Dangerous Migratory Epidemic in the World"], UN News, marzo 17, 2020, https://news.un.org/es/story/2020/03/1471322; "Fears of Desert Locust Resurgence in Horn of Africa" ["Temor por el resurgimiento de la langosta del desierto en el Cuerno de África"], UN News, noviembre 24, 2020, https://news.un.org/en/story/2020/11/1078392.

cuadradas (97,000 kilómetros cuadrados) de bosque se quemaron.[10] Y aún más sacudimientos ambientales, sociales, económicos, políticos y personales están ocurriendo y ocurrirán en el mundo.

EL AVIVAMIENTO Y LA COSECHA DE LOS ÚLTIMOS TIEMPOS

Durante un sacudimiento, Dios presenta al Espíritu Santo a Su pueblo de una manera más intensa. Él derramará Su Espíritu sobre aquellos que fervientemente buscan Su llenura. Este derramamiento del Espíritu Santo en los últimos tiempos será más poderoso que el ocurrido en los comienzos de la iglesia. Será el preludio a la aparición de Cristo porque, como mencioné antes, producirá la mayor cosecha de almas de todos los tiempos. Ese avivamiento final empoderará a los segadores —la novia remanente de Cristo que Dios enviará desde las iglesias de todo el mundo— para alcanzar al perdido, con señales, maravillas y milagros de todo tipo. Los nuevos creyentes en Cristo, que saldrán de esa cosecha final, serán como odres nuevos en los que el vino nuevo podrá ser vertido. Esto es lo que Jesús nos dijo en una de Sus parábolas haciendo referencia a la llenura del Espíritu Santo. (Vea, por ejemplo, Marcos 2:22). Todo lo que estos creyentes harán por el Señor surgirá de una nueva llenura del Espíritu Santo producto del arrepentimiento y la transformación. Retomaremos este tema con más profundidad en un próximo capítulo. Cuando esta nueva generación de creyentes salga a proclamar el evangelio, no lo hará conforme a un enfoque intelectual. Al contrario, hablarán lo que el Espíritu les indique en cada caso. El Señor ha prometido hacer cosas nuevas (vea Apocalipsis 21:5), cosas no antes vistas. ¡Y estoy seguro que Él lo hará!

Estos caóticos tiempos finales que estarán llenos de problemas y crisis sin resolver llevarán a muchas personas a buscar a Dios. Su búsqueda desesperada producirá el avivamiento final, con una gloriosa manifestación del Espíritu de Dios.

¿Quién guiará al pueblo durante el avivamiento de los últimos tiempos? Serán dirigidos por los apóstoles y profetas de la iglesia remanente. Los apóstoles y profetas son guardianes de lo sobrenatural; por lo tanto, serán pioneros del despertar espiritual en los últimos tiempos. Esta es una

10. Matt Simon, "The Terrible Consequences of Australia's Uber-Bushfires" ["Las terribles consecuencias de los mega-incendios forestales de Australia"], *Wired*, julio 20, 2020, https://www.wired.com/story/the-terrible-consequences-of-australias-uber-bushfires/.

de las razones principales por las que el Espíritu Santo ha restituido estos dos ministerios durante los últimos treinta o cuarenta años, porque Él ha restaurado la honra y el respeto a estos roles de liderazgo. (Vea Efesios 4:11–12). Dios está empoderando apóstoles y profetas para la tarea que deben llevar a cabo en los últimos días. Su asignación es saturar la atmósfera espiritual de la tierra con la gloria de Dios y despertar los corazones de la gente para que se vuelvan a Dios y entren en un estilo de vida sobrenatural.

LOS PADRES DE TODOS LOS MOVIMIENTOS DE DIOS HAN SIDO SIEMPRE LOS APÓSTOLES Y PROFETAS.

Querido lector, como enfaticé anteriormente, no puede existir un avivamiento efectivo sin un sacudimiento. El sacudimiento prepara a las naciones de la tierra para recibir el evangelio. A menos que las personas experimenten sacudimientos, no podrán reconocer la mano de Dios sobre la tierra, o su necesidad de Él. Es en medio de las crisis que las personas buscan refugio, consuelo y salvación en Dios. Es por eso que, en este ciclo de los últimos tiempos, seguiremos viendo sacudimientos, seguidos por avivamientos que encenderán los corazones de las personas, trayendo a millones a un arrepentimiento genuino a medida que rinden sus vidas al Señor Jesús.

Conozco personas que, por causa del sacudimiento que están experimentando —tal como la pandemia del coronavirus, las crisis financieras, y otras más— se han reconectado con la iglesia a través del internet, simplemente viendo los servicios en línea. Antes del sacudimiento no querían saber nada de Dios; hoy en día han regresado a la iglesia porque las señales les recordaron lo que está escrito en la Biblia, y ellos saben que no existe otra salida aparte de Dios.

SI UNA NACIÓN NO ES SACUDIDA O QUEBRANTADA, NO ESCUCHARÁ EL EVANGELIO.

UN MANDATO URGENTE

Después que Jesús se lleve a Su iglesia en el rapto, vendrá el intenso sacudimiento de la gran tribulación. Durante ese tiempo, la gente tendrá la oportunidad de recibir salvación. Sin embargo, muchas personas perderán sus vidas por ser cristianos, porque el Anticristo estará gobernando sobre la tierra, persiguiendo a cualquiera que confiese el nombre de Jesús. (Vea, por ejemplo, Apocalipsis 13:16–17). Por lo tanto, antes del sacudimiento final, la iglesia debe dedicarse a proclamar activamente a Cristo crucificado, resucitado y victorioso. Tenemos que llevar el evangelio a un mundo perplejo y desesperado por hallar soluciones. Después, ya no habrá iglesia en la tierra para predicar el evangelio, porque la novia de Cristo estará en el cielo con el Señor. *"Vi volar por en medio del cielo a otro ángel, que tenía el evangelio eterno para predicarlo a los moradores de la tierra, a toda nación, tribu, lengua y pueblo"* (Apocalipsis 14:6).

LA TAREA SUPREMA DE LA IGLESIA ES LA EVANGELIZACIÓN DEL MUNDO.

La pregunta es, ¿está usted hablándole a otros acerca de la venida del Señor mientras aún hay tiempo? ¿Está predicando la resurrección de Cristo? ¿Está proclamando el verdadero evangelio, o está dando mensajes netamente motivacionales? El mensaje de la venida del Señor es lo que el enemigo más teme; por lo tanto, en este tiempo en que el diablo se ha levantado con todas sus armas para alejar a la gente de la salvación y de lo sobrenatural, nuestro mensaje debe ser aún más potente. Tiene que incluir el poder de la resurrección de Cristo, porque cuando predicamos sobre el Rey de reyes, el enemigo huye despavorido.

LA PREDICACIÓN DEL REGRESO DE JESÚS INFUNDE EL TEMOR DE DIOS EN LA GENTE Y LLEVA A LA IGLESIA A VIVIR EN RECTITUD.

LA GLORIA DE LOS ÚLTIMOS TIEMPOS

En la historia de la iglesia, hemos visto la unción del Espíritu Santo operando a través de hombres y mujeres de Dios, particularmente a medida que ellos usan sus dones espirituales. Pero no hemos visto consistentemente la gloria del Padre soberanamente manifestada, excepto en casos aislados donde algunas iglesias están experimentando o han experimentado un avivamiento. Aun así, en estos últimos tiempos, seremos testigos de actos soberanos de Dios. Esto sucederá cuando entremos en Su gloria; y para hacer esto, tenemos que caminar en el poder de la resurrección de Cristo.

Lamentablemente, en décadas recientes, la iglesia ha perdido su credibilidad y ha dado un mal testimonio al mundo debido a su religiosidad, adormecimiento espiritual y falta de integridad. Como la gente ya no confía en la iglesia, Dios actuará soberanamente para demostrar Su poder y misericordia. Repito, Su poder no será visto principalmente a través de la unción (Dios usando a una persona). En cambio, Dios se revelará soberanamente a Sí mismo en una nueva dimensión de milagros; Él interrumpirá el curso normal de los acontecimientos e irrumpirá en la rutina de los servicios de la iglesia para manifestar Su gloria. La gente dejará de buscar ayuda en los seres humanos y tendrá una experiencia sobrenatural, directa y gloriosa con Dios el Padre y Su Hijo Jesucristo. Y es el Espíritu Santo quien nos llevará a la presencia de Dios.

Como el verdadero remanente de la iglesia que busca al Espíritu Santo con hambre y pasión por el avivamiento, necesitamos operar en nuestra unción sacerdotal (vea, por ejemplo, Apocalipsis 1:6) y volver a la oración y el ayuno. Tenemos que conocer a la persona del Espíritu Santo para que Él pueda guiarnos a la presencia del Padre. Solo entonces llegaremos a ser la iglesia gloriosa que Cristo viene a buscar. (Vea Efesios 5:25–27).

EN MEDIO DEL APOGEO DEL AVIVAMIENTO DE LOS ÚLTIMOS TIEMPOS, VEREMOS LA GLORIA DE DIOS.

Quiero extenderme en este punto porque muchos creyentes aún no lo han entendido plenamente. Hoy, lo que necesitamos incluso más que la fe, es la manifestación de la gloria de Dios. La resurrección de Jesús de entre los muertos no requirió de la fe de la gente, porque nadie en la tierra tenía suficiente fe para ello. En cambio, Él fue levantado a vida *"por la gloria del Padre"* (Romanos 6:4). Jesús murió cargando *todos* los pecados de la humanidad; desde el comienzo de Su historia hasta el final de los tiempos. El peso de cargar toda esa maldad fue horriblemente abrumador, y la sentencia de muerte por los pecados de la humanidad fue irrevocable. Pero la victoria sobre el pecado y la muerte, y Su subsiguiente explosiva resurrección, se convirtió en el portal a través del cual el poder regresó a la iglesia. Es de esta fuente de la que podemos recibir autoridad y provisión sobrenatural hoy para proclamar el evangelio del reino con demostraciones de poder, como lo hicieron los primeros apóstoles: *"Y con gran poder los apóstoles daban testimonio de la resurrección del Señor Jesús, y abundante gracia era sobre todos ellos"* (Hechos 4:33).

La resurrección de Cristo es un portal espiritual a través del cual el poder sobrenatural de Dios fluye hacia la iglesia. Este portal aún permanece abierto donde la resurrección sigue siendo predicada y donde Dios sigue manifestando Su poder. En esencia, cada vez que predicamos acerca del poder de la resurrección, glorificamos a Dios y hacemos que se manifieste en medio de nosotros.

En estos últimos tiempos veremos que hay varios portales espirituales abiertos en los Estados Unidos y alrededor del mundo. Algunos abarcan regiones enteras; otros están limitados a ciertas iglesias, familias o individuos. Veremos diversos aspectos del poder del Espíritu Santo demostrado en esas regiones, iglesias y personas, los cuales testificarán de lo que Dios está soberanamente diciendo y haciendo en este tiempo. Veremos portales de salvación, sanidad, riqueza, transformación personal, milagros, señales, maravillas y resurrección de muertos. Todas estas obras sobrenaturales traerán un avivamiento espiritual. En otras palabras, veremos un movimiento sobrenatural que lo incluye todo.

EL TESTIMONIO FINAL SERÁ LA PREDICACIÓN DEL EVANGELIO Y LA DEMOSTRACIÓN DEL PODER DE LA RESURRECCIÓN EN EL AHORA.

Por lo tanto, en el sacudimiento final —como ya mencioné, éste ocurrirá simultáneamente con el avivamiento— la gloria de Dios será revelada a la iglesia. Jesús regresa por una iglesia gloriosa; esto significa que, en medio del sacudimiento, la iglesia habitará en gloria, ¡avivada por el Espíritu de Dios! Sabremos que la aparición de Jesús es inminente cuando veamos que el mundo sigue siendo sacudido, la iglesia entra en avivamiento, y las almas vienen por millones a los pies de Cristo en una gran cosecha espiritual.

EL SACUDIMIENTO FINAL LLEVARÁ A LA GENTE A VOLVER A ORAR POR AVIVAMIENTO.

LA VENIDA DEL SEÑOR

En cuanto a la manera en que el Señor regresará, la Biblia nos dice que la aparición de Jesús —el rapto— ocurrirá primero, seguido por Su segunda venida. El Hijo de Dios aparecerá para llevarse a Su novia; pero volverá de nuevo para gobernar la tierra durante el milenio, y después para juzgar al mundo. *"Te encarezco delante de Dios y del Señor Jesucristo, que juzgará a los vivos y a los muertos en su manifestación* [segunda venida] *y en su reino"* (2 Timoteo 4:1).

Al cerrar el primer capítulo, debo enfatizar que la novia remanente estará compuesta por aquellos que han permitido que Dios los procese durante el sacudimiento; los que se han arrepentido de sus pecados y adormecimiento espiritual, que se han humillado a sí mismos delante del Señor y se han comprometido completamente con Dios; aquellos que buscan continuamente ser transformados por el Espíritu Santo. Abordo este tema con gran profundidad en mi libro *Jesús regresa pronto*.

No es sabio esperar hasta que el Señor se lleve a Su iglesia en el rapto para empezar a buscarle. ¡*Hoy* es el día para buscar a Dios en ayuno, oración, adoración y obediencia!

> *Buscad a Jehová mientras puede ser hallado, llamadle en tanto que está cercano.* (Isaías 55:6)

TESTIMONIOS DE LOS ÚLTIMOS TIEMPOS

Joel es originario de California, EE. UU., y había sido adicto a las drogas y al alcohol desde que era un adolescente. La falta de identidad y propósito en su vida lo hizo cometer muchos errores. Sin embargo, asistió a un avivamiento organizado por el Ministerio El Rey Jesús, y esto lo llevó a experimentar a Dios a tal nivel que su vida fue totalmente transformada, hasta el punto que decidió mudarse a Miami para ser parte de nuestro ministerio.

> Crecí en un hogar lleno de amor con mis padres y otros cuatro hermanos, pero me sentía solo y sin identidad. Mi padre era un excelente proveedor, pero era alcohólico. Bebí mi primera cerveza a la edad de doce años solo para saber por qué mi padre bebía. A los trece me volví adicto a la marihuana. Después de eso, mi vida se convirtió en un desastre y nadie podía ayudarme. Mis padres hicieron todo para salvarme, pero cuanto más lo intentaban, más yo me rebelaba. Incluso me llevaron a un "curandero" que me sometió a un ritual horrible.
>
> Cuando tenía quince años, me uní a una pandilla. A los diecisiete años conocí a una joven y, después de tres meses, quedó embarazada. Eso me sacudió, pero me casé con ella porque quería ser un buen padre para mi bebé. Lamentablemente, solo duramos tres meses juntos. Cuando perdí a mi familia, caí más hondo en las drogas y el alcohol. ¡Sentía que no había salida para mí!
>
> Tres años después, de milagro volví a vivir con mi esposa, ya que nunca nos habíamos divorciado oficialmente. Sabía que nuestra restauración había comenzado. Empezamos a asistir a una iglesia en California, donde le entregué mi vida a Cristo. Creía que mis problemas desaparecerían como por arte de magia, pero, en cambio, comenzó una terrible lucha espiritual. Una noche, cuando mi esposa llegó a casa después del trabajo, comenzamos a discutir. La discusión se convirtió en una pelea física y terminé en la cárcel por violencia doméstica. Mi esposa estaba decidida a divorciarse de mí, pero luego se enteró de que estaba esperando nuestro segundo hijo. Cuando salí de la cárcel después de tres semanas, decidió quedarse conmigo.

> Unos meses después, nuestros pastores nos dieron boletos para una conferencia del Ministerio El Rey Jesús en Miami. ¡Nunca había estado en una conferencia y tenía grandes expectativas! ¡Quería un cambio! Esa semana en Miami experimenté la presencia de Dios y el avivamiento espiritual me transformó. Allí, descubrimos que Dios tenía un propósito para nuestras vidas. Cuando regresamos a California, comenzamos a seguir las reuniones de El Rey Jesús en YouTube y crecimos espiritualmente. Entonces, Dios hizo un milagro financiero que nos permitió mudarnos a Miami. Hoy, vivimos en medio del avivamiento en el Ministerio El Rey Jesús, sirviendo al Señor. Dios me liberó de todas las adicciones y nuestro matrimonio está restaurado. También hemos sido bendecidos con un negocio propio. Ahora, somos parte de este gran movimiento sobrenatural, y agradezco al Señor por todas sus bendiciones.

José Ramón, de los Estados Unidos, comenzó a creerle a Dios por un milagro creativo cuando su esposa no podía concebir. En 2016, después que José hizo un pacto con Dios, su esposa quedó embarazada. Sin embargo, en medio de su alegría por este milagro, al bebé le diagnosticaron síndrome de Down. Por ese mismo tiempo, nuestro ministerio estaba organizando su Conferencia Apostólica y Profética (CAP) anual, y durante ese evento siempre hay un mover espiritual muy poderoso. José explica cómo recibieron un milagro:

> Queríamos tener hijos, pero no podíamos. Durante la Conferencia Apostólica y Profética (CAP 2016) hicimos un pacto con Dios para tener un bebé, ¡y Él hizo el milagro! En un año, mi esposa quedó embarazada. Sin embargo, a los seis meses, el médico nos dijo que había un 80 por ciento de probabilidades de que el niño tuviera síndrome de Down. Continuamos orando y creyendo por lo que Dios había prometido en ese pacto. El médico programó una cita con nosotros que coincidió con las fechas de CAP 2017. Nos dijo que teníamos dos opciones: quedarnos con el bebé o abortarlo. Si decidíamos tenerlo, tendríamos que tomar clases para aprender a cuidarlo.

Decidimos tener nuestro bebé, sabiendo que Dios cumpliría Su promesa. Salimos de la cita y asistimos a CAP, pidiéndole al Señor que sanara a nuestro bebé. En particular, le pedí al Señor una confirmación. Durante la última sesión, mientras la presencia manifiesta de Dios ministraba nuestros corazones, un niño de unos doce años se me acercó, me abrazó y me dijo: "No te preocupes". ¡Ese mensaje fue maravilloso y muy alentador! Después de tres semanas, mi esposa tuvo otro chequeo y, para la gloria de Dios, el médico confirmó que todo estaba bien. ¡El niño estaba sano! ¡Se estaba desarrollando normalmente! Hoy, le damos toda la gloria a Dios por lo que hizo y por Su fidelidad. Aunque tuvimos tribulaciones, Él fue fiel a Su promesa y recibimos nuestro gran rompimiento en CAP. Él ha traído avivamiento en muchas áreas de nuestra vida, y ahora podemos disfrutar de Sus promesas cumplidas.

PARTE I:

DIOS ESTÁ SACUDIENDO LA TIERRA

CAPÍTULO 2

EL SACUDIMIENTO DE LOS ÚLTIMOS TIEMPOS

Los tiempos que vivimos marcan el comienzo del fin de una era: la era del Espíritu Santo, también llamada la era de la iglesia, la misma que concluirá cuando Jesús aparezca en el rapto. El fin de una era significa la culminación de un aspecto de los propósitos de Dios, señala el fin de algo viejo y el nacimiento de algo nuevo; mientras que, *"la plenitud de los tiempos"* (Efesios 1:10), aquello que hablamos en el capítulo anterior, significa la finalización de *todas* las cosas. "La plenitud de los tiempos" será el clímax de los tiempos y las temporadas, y la culminación de la vida en el mundo actual. Ese es el momento en que Dios ha *"de reunir todas las cosas en Cristo, así las que están en los cielos como las que están en la tierra"* (Efesios 1:10). Una vez más, los eventos que evidenciarán la plenitud de los tiempos son: la segunda venida de Cristo, Su reino milenial y el juicio final.

SEÑALES Y TEMPORADAS

Cada temporada en la vida se identifica por ciertas señales. En el mundo natural, en el hemisferio norte, el otoño está marcado por lo general por la caída de las hojas de los árboles; el invierno por temperaturas más bajas y nevadas; la primavera por el nacimiento de las flores; y el verano por temperaturas muy altas y el crecimiento de la vegetación. Ahora estamos en una temporada sobrenatural de sacudimiento y debemos estar preparados para ver señales espirituales y físicas de ello. Sobre esta temporada no solo se profetizó en el Antiguo Testamento, sino que también Jesús habló de ella. (Vea, por ejemplo, Hageo 2:6–7; Mateo 24:5–8). Las señales de esta temporada —como tsunamis, inundaciones, incendios, huracanes y más— se están manifestando en nuestro mundo físico. Un informe de CNN puntualiza sobre los huracanes que han impactado los Estados Unidos y las islas del Caribe en los últimos treinta años.[11] Precisa que el número de huracanes intensos, con intensidad sostenida después de tocar tierra ha aumentado, y esa tendencia continuará.[12] También estamos viendo pestilencias, enfermedades, epidemias, perplejidades, guerras civiles, anarquía y gente inundando las calles exigiendo sus derechos. Vivimos días de gran agitación. Los investigadores y analistas pueden describir eventos que están ocurriendo y proporcionar algunas explicaciones científicas y sociales para ello, pero usualmente solo lo hacen desde una perspectiva humana. Como creyentes no podemos enfocarnos solamente en las manifestaciones terrenales, sino que debemos discernir el significado espiritual detrás de ellas y responder apropiadamente.

Por ejemplo, como se apuntó en el capítulo anterior, el mundo sigue lidiando con la plaga del coronavirus o COVID-19. El origen de este virus continúa siendo objeto de debate, y ha demostrado ser muy difícil de controlar, con variantes que surgen y producen nuevas oleadas de enfermedad y muerte. A principios de 2021 muchas personas en los Estados Unidos hacían largas filas esperando impacientemente recibir la primera dosis de una vacuna. Millones alrededor del mundo todavía no tenían acceso a ellas. A medida que avanza el 2021, muchos han elegido no ser vacunados, otros aún no han podido obtener las vacunas, mientras que los casos de COVID-19 con la variante Delta han aumentado en todo el mundo. Incluso se han registrado algunos "brotes" infecciosos en personas ya vacunadas que han contraído el virus. Mientras escribo este libro, todavía existen muchas preguntas acerca de cuándo terminará esta plaga.

---

11. "Huracanes notables en la historia reciente de EE. UU.", Datos rápidos de las estadísticas de huracanes, CNN, 8 de julio, 2021, https://edition.cnn.com/2013/05/31/world/americas/hurricane-statistics-fast-facts/index.html.
12. Doyle Rice, "¿Son los huracanes de categoría 5 como Dorian la 'nueva normalidad'?", *USA Today*, septiembre 11, 2019, https://www.usatoday.com/story/news/nation/2019/09/11/category-5-hurricanes-storms-like-dorian-new-normal/2275423001/; Matt McGrath, "Climate Change: Hurricanes Get Stronger on Land as World Warms" ["Cambio climático: Los huracanes se hacen más fuertes en tierra a medida que el mundo se calienta"], BBC News, noviembre 11, 2020, https://www.bbc.com/news/science-environment-54902068.

Creo que se detendrá cuando su propósito concluya. Dios no es el autor de enfermedades o dolencias, pero desde un punto de vista espiritual este virus es una señal de que una nueva temporada de los últimos tiempos ha comenzado. Esto apunta tanto a los últimos días profetizados como al regreso de Jesús. Ha habido un movimiento en la dimensión espiritual, y lo que vemos manifestado en la tierra es una consecuencia de lo que está sucediendo en el mundo espiritual.

EL ÁMBITO NATURAL Y EL ÁMBITO ESPIRITUAL

Todo lo relacionado con los seres humanos y lo que hacen está conectado con el ámbito espiritual. Sin embargo, la mayoría de personas no pueden explicar fácilmente esta dimensión espiritual porque no la entienden. No se conocen completamente a sí mismos ni conocen la Biblia; mucho menos comprenden lo que está pasando a su alrededor, ni por qué. No son conscientes del ámbito espiritual que los rodea e influencia. Una vez más, los seres humanos solo pueden monitorear y explicar, hasta cierto punto, los elementos naturales que captan a través de sus sentidos físicos. No pueden ver ni comprender la dimensión espiritual sin la ayuda del Espíritu Santo de Dios. "*Pero el hombre natural no percibe las cosas que son del Espíritu de Dios, porque para él son locura, y no las puede entender, porque se han de discernir espiritualmente*" (1 Corintios 2:14).

SI NO VOLVEMOS A LA DIMENSIÓN DEL ESPÍRITU, NO ENTENDEREMOS A DIOS Y SUS PROPÓSITOS.

Si removiéramos el ámbito espiritual, no habría universo ni humanidad, porque la dimensión natural depende de la espiritual para existir.

En el principio creó Dios los cielos y la tierra. (Génesis 1:1)

Por la palabra de Jehová fueron hechos los cielos, y todo el ejército de ellos por el aliento de su boca. (Salmos 33:6)

Y creó Dios al hombre a su imagen, a imagen de Dios lo creó; varón y hembra los creó. (Génesis 1:27)

Es más, el ámbito espiritual gobierna el natural; por lo tanto, nada de lo que está sucediendo en el mundo en este momento — ya sea ambiental, político, económico, físico o emocional— está fuera de la influencia espiritual. Todo tiene un trasfondo espiritual, una causa y un significado.

No me refiero solo al ámbito espiritual celestial y su influencia, sino también al ámbito demoniaco y su influencia, que está en oposición a Dios y será completamente removido en la plenitud de los tiempos. Por ejemplo, estudios de "la Organización Mundial de la Salud (OMS) y el [programa] *Global Burden of Disease* [Carga Global de Enfermedades]... estiman que casi 800,000 personas mueren por suicidio cada año. Eso significa una persona cada 40 segundos".[13] Las personas mayores son el grupo de edad más afectado, y los hombres tienen el doble de probabilidades que las mujeres de terminar con sus vidas.[14] Otros estudios revelan que la mayor parte de la población mundial vive en la pobreza. Dos tercios viven con menos de diez dólares al día, y uno de cada diez vive con menos de dos dólares al día, que es lo que el Banco Mundial de las Naciones Unidas considera "pobreza extrema".[15] Mientras que, en lo exterior, estas condiciones extremas podrían parecer causadas por varios factores sociales, económicos y físicos. Aquellos que están en sintonía con el ámbito sobrenatural pueden ver que también hay una dimensión espiritual en ellas: el enemigo está utilizando espíritus de suicidio y pobreza para atormentar a la gente en todo el mundo.

Una vez más, el Espíritu Santo de Dios es el único que sabe completamente lo que está pasando en el mundo y por qué. Él conoce los tiempos y las temporadas de los planes de Dios para la humanidad, para este planeta y el universo. La buena noticia es que el Espíritu todavía habla —tanto a través de las Escrituras como directamente— al pueblo de Dios, a aquellos que creen en Jesucristo y lo obedecen.

Antes de dejar esta tierra y ascender al cielo, Jesús les dijo a Sus discípulos: *"Pero cuando venga el Espíritu de verdad, él os guiará a toda la verdad;*

13. Hannah Ritchie, Max Roser, y Esteban Ortiz-Ospina, "Suicidio", Nuestro mundo en datos, 2015, https://ourworldindata.org/suicide.

14. Ritchie, Roser, y Ortiz-Ospina, "Suicidio."

15. Max Roser y Esteban Ortiz-Ospina, "Pobreza extrema global," Nuestro mundo en datos, 2019, https://ourworldindata.org/extreme-poverty.

porque no hablará por su propia cuenta, sino que hablará todo lo que oyere, y os hará saber las cosas que habrán de venir" (Juan 16:13). El Espíritu Santo puede brindarle una perspectiva espiritual para entender lo que está ocurriendo tras bastidores en el mundo de hoy; podrá reconocer la temporada en el ámbito espiritual, la cual refleja lo que está sucediendo actualmente en el mundo natural. A medida que lo haga, podrá comprender lo que antes no tenía sentido para usted acerca del sacudimiento que estamos experimentando.

El Espíritu está usando a los apóstoles y profetas de Dios para llamar la atención de la iglesia en esta temporada sobrenatural, a fin de prepararnos para ser su remanente en estos últimos días. Sin embargo, todavía hay mucha confusión entre la gente de la iglesia, porque numerosos predicadores están rechazando esencialmente al Espíritu Santo y Su poder en un momento que es vital tener Su revelación y consejo. Su consiguiente ceguera y sordera frente al Espíritu les impide comprender por qué el mundo está tan sacudido, lo que les impide transmitir la revelación a sus congregaciones. Carecen de conocimiento —y, sobre todo de sabiduría— para guiar al pueblo en estos tiempos. En cambio, confunden aún más a quienes los escuchan. No pueden dar respuestas con revelación a las preguntas del pueblo; tampoco saben afrontar personalmente estos días ni prepararse para lo que viene.

SIN LA GUÍA DEL ESPÍRITU SANTO SERÁ IMPOSIBLE QUE CONOZCAMOS LA VOLUNTAD DE DIOS.

¿QUÉ HAY DETRÁS DEL SACUDIMIENTO?

> *Porque así dice Jehová de los ejércitos: De aquí a poco yo haré temblar los cielos y la tierra, el mar y la tierra seca; y haré temblar a todas las naciones, y vendrá el Deseado de todas las naciones.* (Hageo 2:6–7)

> *La voz* [de Dios, cuando dio la ley en el Monte Sinaí] *conmovió entonces la tierra, pero ahora ha prometido, diciendo: Aún una vez, y*

conmoveré no solamente la tierra, sino también el cielo. Y esta frase: Aún una vez, indica la remoción de las cosas movibles, como cosas hechas, para que queden las inconmovibles. (Hebreos 12:26–27)

En estos pasajes, Dios está diciendo: "¡Sacudiré el cielo y la tierra!" Por lo tanto, aunque Satanás y los seres humanos provoquen opresión, dolor y muerte en el mundo, en definitiva, no es el diablo ni los hombres los que están detrás de los sacudimientos de los últimos tiempos, sino Dios mismo. Él es el único que puede crear un sacudimiento global como el que estamos experimentando. En consecuencia, el sacudimiento no es algo contra lo que podamos orar. Más bien, debemos atravesarlo porque es una señal de los últimos tiempos que está sucediendo como un acto soberano de Dios.

En Hageo 2:6–7 la palabra hebrea para "temblar" es *rāʿash*, entre cuyos significados se encuentran "ondular, o moverse con un movimiento ondulatorio (como la tierra, el cielo, etc.; también como un campo de cereales), especialmente por causa del miedo", "temer", "sacudir" y "estremecer". Cuando la Biblia habla de ese tipo de sacudimiento, se refiere a una demostración asombrosa del poder de Dios.

Los versículos anteriores de Hebreos 12 explican cómo, en el Monte Sinaí, cuando Dios le entregó las tablas de la ley a Moisés para que las obedeciera el pueblo de Israel, Él sacudió la tierra. Este evento es considerado como el primer Pentecostés. El segundo Pentecostés ocurrió cuando el Espíritu Santo descendió sobre los ciento veinte discípulos de Jesús que estaban orando y esperando por Su promesa en el aposento alto. En ese momento, la tierra volvió a temblar. (Vea Hechos 4:31). Hoy, Dios está sacudiendo la tierra una vez más, pero esta vez a escala global.

LA SEÑAL DEFINITIVA DE LA APARICIÓN DE CRISTO ES EL SACUDIMIENTO GLOBAL.

Este sacudimiento tiene tres etapas: una etapa preliminar, la cual atravesamos a principios del siglo XXI, con continuos ataques terroristas; una etapa intermedia (en la que nos encontramos ahora); y una etapa final (que en realidad se inició con el arribo de la década de 2020, pero que se hará cada vez más intensa). Una vez más, la etapa final conducirá a la culminación de la temporada del Espíritu Santo en la tierra, que se caracterizará por un avivamiento espiritual y una cosecha sin precedentes. Estamos en la cúspide de la hora cero señalada para la tierra, antes de la aparición de Cristo. Somos la generación que está viendo el mayor cumplimiento de profecías bíblicas y, sin duda, veremos el regreso del Señor.

Durante los tiempos de sacudimiento divino, los actos soberanos de Dios desafiarán el conocimiento humano.

> *Entonces habrá señales en el sol, en la luna y en las estrellas, y en la tierra angustia de las gentes confundidas a causa del bramido del mar y de las olas; desfalleciendo los hombres por el temor y la expectación de las cosas que sobrevendrán en la tierra; porque las potencias de los cielos serán conmovidas.* (Lucas 21:25–26)

"El sol, la luna y las estrellas" pueden representar el rango de entendimiento de los seres humanos, su capacidad para ver y comprender el mundo en que viven. Significan la luz de la educación humana, la sabiduría y el conocimiento adquirido a través de los siglos. Sabemos que dicho conocimiento es limitado, y las limitaciones de la capacidad humana están siendo expuestas en el sacudimiento de los últimos tiempos. Cuando la gente experimenta sacudimientos se desorienta, distrae, confunde, angustia, preocupa y asusta. Esto sucede porque las cosas que parecían estar seguras en sus vidas y en su entorno están siendo desplazadas y removidas. Los tiempos difíciles en que vivimos están dejando a la gente perpleja, en crisis, sintiendo que no tienen salida. No tienen respuestas adecuadas porque todo lo que saben está siendo sacudido. Su conocimiento terrenal no es suficiente para proporcionar respuestas reales y soluciones sostenibles para las crisis de hoy. Cuando las personas no pueden comprender, explicar o interpretar lo que está sucediendo en el mundo, solo les queda clamar a Dios por sabiduría y ayuda.

LA BASE DE NUESTRA CONFIANZA EN DIOS ES QUE ÉL CONOCE EL RESULTADO FINAL.

Por ejemplo, la economía mundial está siendo sacudida como una señal divina para que el hombre se arrepienta y busque a Dios. Es por eso que hemos experimentado crisis financieras como la caída de la bolsa de valores en 2008 y otros problemas económicos. Dios está demostrando que Él es el verdadero dueño de todo el oro y la plata del mundo. Debemos darnos cuenta que el propósito de estas señales es captar la atención de la humanidad, porque Dios sabe que es durante esas crisis cuando la gente se vuelve a Él. Dios tiene las respuestas a través del Espíritu Santo para aquellos que lo buscan de corazón.

Como describí anteriormente, no es solo la economía mundial la que está siendo sacudida y continuará siéndolo. Hemos visto sacudimiento en los patrones del tiempo. La naturaleza está confundida y en consecuencia también nuestro clima. Dios está sacudiendo sistemáticamente *todas* las cosas. Las naciones, los gobiernos, los sistemas políticos, las instituciones educativas, el comercio, las denominaciones religiosas, las iglesias, los ministerios, las familias, las relaciones, las estructuras físicas, las montañas y otros elementos naturales, los tiempos y las estaciones; aun el mismo diablo está siendo sacudido. La única persona que no está siendo sacudida, y para quien el propósito del sacudimiento es claro, es aquella que lo está produciendo. Desde la perspectiva de Dios, este sacudimiento, aparentemente caótico, está trayendo orden porque está conforme a Su plan para los últimos tiempos.

En estos tiempos el evangelismo se vuelve clave a medida que las personas buscan verdadera seguridad. La gente necesita a alguien que les ayude a encontrar la salvación en Cristo y a recibir al Espíritu Santo para que more dentro de ellos. Por lo tanto, durante el sacudimiento, debemos predicar el evangelio con denuedo, con demostración del poder de Dios y de forma personal, como hizo Jesús con la mujer del pozo. (Vea Juan 4:1–42). El testimonio más poderoso es el que resulta de una experiencia personal con el poder de Dios. ¡Eso es irrefutable!

FUNDADO SOBRE LA ROCA O SOBRE LA ARENA

Nada que pueda ser sacudido permanecerá sin sacudir. Cada dimensión o esfera de la vida que no esté basada en Dios caerá, mientras que todo lo que esté establecido en Él permanecerá. (Vea Hebreos 12:27). Esto fue lo que Jesús explicó en la parábola de los dos cimientos, o la parábola de los constructores sabios y necios:

> *¿Por qué me llamáis, "Señor, Señor", y no hacéis lo que yo digo? Toto aquel que viene a mí, y oye mis palabras y las hace, os indicaré a quién es semejante. Semejante es al hombre que al edificar una casa, cavó y ahondó y puso el fundamento sobre la roca; y cuando vino una inundación, el río dio con ímpetu contra aquella casa, pero no la pudo mover, porque estaba fundada sobre la roca. Más el que oyó y no hizo, semejante es al hombre que edificó su casa sobre tierra, sin fundamento; contra la cual el río dio con ímpetu, y luego cayó, y fue grande la ruina de aquella casa.* (Lucas 6:46–49)

¿Está su vida construida sobre la arena, o está construida sobre la roca? ¿Está su fe basada solo en las cosas que puede ver, o está establecida en el Dios eterno? Si su fe está en las cosas materiales, definitivamente será sacudida. Cualquiera puede afirmar que tiene fe, pero cuando vienen las crisis y son sacudidos, se revelará el fundamento sobre el que su fe está fundada. Nuestra fe debe estar establecida en Cristo, la Roca firme. (Vea, por ejemplo, Hechos 4:10–12).

CUANDO DIOS SACUDE UNA CASA, SE REVELAN LOS CIMIENTOS SOBRE LOS QUE ESTÁ CONSTRUIDA.

No importa quién es usted o lo que hace, no escapará al sacudimiento de los últimos tiempos. Todos tendremos que pasar por eso. La única diferencia será que si nuestro fundamento está construido sobre Cristo, nos mantendremos firmes y tendremos respuestas para estos tiempos de crisis; pero si nuestro fundamento está construido sobre algo material, temporal o espiritualmente débil, seremos sacudidos hasta que busquemos a Dios de todo corazón.

No importa lo que suceda en la tierra, Dios no cambiará. (Vea, por ejemplo, Santiago 1:17). Él no puede ser movido o sacudido. (Vea, por ejemplo, Salmos 62:2). Él tiene todo el control. Debemos descansar en este conocimiento mientras experimentamos sacudimiento en nuestras vidas, sabiendo que si permanecemos en Cristo, permaneceremos firmes. Hebreos 12:28 dice: "*Así que, recibiendo nosotros un reino inconmovible, tengamos gratitud, y mediante ella sirvamos a Dios agradándole con temor y reverencia*".

CUATRO ASPECTOS DEL SACUDIMIENTO DE LOS ÚLTIMOS TIEMPOS

Debemos entender que hay cuatro aspectos en el sacudimiento de los últimos tiempos: (1) el juicio de la casa de Dios, o de la iglesia; (2) el juicio a las naciones; (3) el sacudimiento de todas las naciones; y (4) la revelación de la gloria de Dios.

1. EL JUICIO DE LA CASA DE DIOS

En las Escrituras leemos que el juicio comienza con el pueblo de Dios:

> *Porque es tiempo de que el juicio comience por la casa de Dios; y si primero comienza por nosotros, ¿cuál será el fin de aquellos que no obedecen al evangelio de Dios?* (1 Pedro 4:17)

> *Pero por tu dureza y por tu corazón no arrepentido, atesoras para ti mismo ira para el día de la ira y de la revelación del justo juicio de Dios, el cual pagará a cada uno conforme a sus obras.* (Romanos 2:5–6)

Dios ama a Su pueblo; por lo tanto, como Él sabe que se acerca el fin, está juzgando a la iglesia apóstata; esa porción de la iglesia, especialmente sus líderes, que satisfacen los deseos carnales del pueblo, creyendo que de esa manera mantendrán estables sus congregaciones, en lugar de guiar a las personas a arrepentirse de sus pecados. Tanto la iglesia apóstata como la novia remanente se revelarán en los últimos tiempos. Esta última es la iglesia dentro de la iglesia, que se mantiene "velando y orando" (vea, por ejemplo, Marcos 13:33), y que se distingue por lo sobrenatural, la santidad y el hambre por Dios.

LA MARCA MÁS DISTINTIVA DEL REMANENTE ES LO SOBRENATURAL.

Si usted es un líder en su iglesia y le gusta complacer a la gente, entonces tenga cuidado: este no es momento de complacer al mundo. Necesita arrepentirse y buscar a Dios porque será sacudido. El remanente de Cristo debe tener la capacidad de satisfacer las necesidades de las personas con el poder sobrenatural de Dios. Esto no se logra conformándose a lo que la gente quiere que se haga, sino haciendo únicamente lo que Dios quiere que se haga. La sobrevivencia de la iglesia en los días venideros dependerá de que caminemos en el poder sobrenatural divino; de lo contrario, seremos irrelevantes. No tendremos respuestas reales para las necesidades cruciales de los individuos, las comunidades y las naciones.

Independientemente de si un sacudimiento en particular está dirigido al remanente, ese sacudimiento revelará a los verdaderos y fieles seguidores de Dios, porque Dios guardará a su remanente en medio del derramamiento de su ira. Así lo anunció Isaías: *"Anda, pueblo mío, entra en tus aposentos, cierra tras ti tus puertas, escóndete un poquito, por un momento, en tanto que pasa la indignación"* (Isaías 26:20). Lo que hagamos, creamos, y cómo actuemos en el momento del sacudimiento es lo que revelará nuestra identidad en Dios, nuestra autenticidad, nuestro conocimiento espiritual y nuestra posición en Cristo. Si somos la iglesia remanente, Dios nos sostendrá.

EL PRIMER SACUDIMIENTO COMIENZA CON LA CASA DE DIOS, PORQUE NO TODOS EN ELLA FORMAN PARTE DEL REMANENTE.

---

2. EL JUICIO A LAS NACIONES

Otro aspecto del sacudimiento de los últimos tiempos es el juicio de Dios a las naciones. La Biblia dice que Dios tiene copas o vasos en los que acumula varias cosas, como Su salvación, Su misericordia, las oraciones de Su pueblo, Su ira, y la iniquidad de la humanidad. (Vea, por ejemplo, Apocalipsis 5:8; 16:19). Cuando una copa alcanza su capacidad máxima, o cuando Dios así lo ordena, esa copa es derramada sobre la tierra. En este momento, dos copas están derramándose: la copa de la ira de Dios —a causa de la iniquidad o la maldad del hombre— y la copa de Su misericordia. Estas copas contienen siglos de acumulación y han alcanzado su plenitud. Dios juzgará a los que sembraron iniquidad y bendecirá a los que sembraron misericordia.

El sacudimiento es el castigo indignado de Dios a la humanidad que, en completa rebeldía, vive sin fe, sin Dios y sin esperanza en el mundo (vea Efesios 2:12), despreciando la vida y la creación que Dios le ha confiado. Así lo anticipó el profeta Isaías: "*Porque he aquí que Jehová sale de su lugar para castigar al morador de la tierra por su maldad contra él; y la tierra descubrirá la sangre derramada sobre ella, y no encubrirá ya más a sus muertos*" (Isaías 26:21).

Como expliqué en el capítulo 1, el sacudimiento de la iglesia es diferente al sacudimiento del mundo. El sacudimiento del mundo es para juicio, mientras que el sacudimiento de la iglesia es para purificación. Todas las plagas que Dios envió a Egipto fueron dirigidas al gobierno; pero Dios protegió a Su pueblo y preservó a sus primogénitos mediante la sangre del sacrificio del cordero. (Vea, por ejemplo, Éxodo 12:13). De manera similar, usted debe aplicar la sangre de Jesús a su vida para ser salvo y resguardado espiritualmente. (Vea, por ejemplo, 1 Juan 1:7; Apocalipsis 1:5).

3. EL SACUDIMIENTO DE TODAS LAS NACIONES

"*Y haré temblar a todas las naciones*" (Hageo 2:7). En el capítulo 1 escribí que el sacudimiento de los últimos días es una señal para la iglesia, Israel y el mundo de que estamos en los tiempos finales. De nuevo, cuando vemos el coronavirus sacudiendo al mundo entero, debemos reconocerlo como una señal de los últimos días. Ya sea que el virus fue creado por el hombre o transmitido por animales, Dios lo permitió, y permitirá plagas futuras que devastarán la tierra como señales de los últimos tiempos.

EL SACUDIMIENTO VIENE A JUZGAR, REPRENDER Y CORREGIR, PERO EL ARREPENTIMIENTO HACE QUE DIOS RETRASE O DETENGA SU JUICIO.

En estos últimos días, Dios está sacudiendo a todas las naciones a fin de prepararlas para ser testigos de la iglesia remanente que predicará el evangelio. Como he venido enfatizando, si la gente no es sacudida o quebrantada, no estará dispuesta a escuchar el evangelio. El sacudimiento trae juicio y misericordia al mismo tiempo; juicio para los que no se arrepienten y misericordia para aquellos que se humillan y someten su vida a Dios.

4. LA REVELACIÓN DE LA GLORIA DE DIOS

La tierra está a punto de concluir el ciclo que comenzó con la gloria de Dios y terminará con esa misma gloria. El profeta Isaías anunció esto cuando dijo:

> *Levántate, resplandece; porque ha venido tu luz, y la gloria de Jehová ha nacido sobre ti. Porque he aquí que tinieblas cubrirán la tierra, y oscuridad las naciones; más sobre ti amanecerá Jehová, y sobre ti será vista su gloria. Y andarán las naciones a tu luz, y los reyes al resplandor de tu nacimiento.* (Isaías 60:1–3)

Nuevamente, la iglesia tiene una cita con uno de los más grandes derramamientos del Espíritu Santo: el avivamiento y la cosecha de los últimos tiempos. Estamos a punto de experimentar un despertar sin precedentes entre los hijos de Dios; será algo que la tierra no ha visto antes, y sucederá en medio del mayor sacudimiento que el mundo jamás ha experimentado. El sacudimiento dentro de la iglesia traerá un derramamiento de la gloria de Dios que preparará al remanente para el rapto, porque Jesús regresa por una iglesia gloriosa. (Vea Efesios 5:26–27). En medio del sacudimiento la iglesia estará en gloria, de modo que, mientras el mundo esté en caos, la iglesia será vista como un lugar de refugio.

AQUELLOS QUE NO TIENEN CONOCIMIENTO DE LA GLORIA SOLO RECIBIRÁN JUICIO.

¿QUÉ DERRAMAMIENTO RECIBIRÁ USTED?

Permítame preguntarle de nuevo, ¿de qué lado está usted? ¿De qué derramamiento está listo para recibir: de la copa de juicio o de la copa de misericordia? ¿Experimentará la maldición o la bendición? Este es el momento de enfrentar la verdad sobre su fe y cómo la ha vivido hasta hoy. El sacudimiento viene a los hijos de Dios para despertarlos del profundo sueño de la comodidad y el confort. Seguir a Cristo no es fácil. Después de todo, Él no prometió un camino fácil sino todo lo contrario. (Vea, por ejemplo, Mateo 16:24–25). Para seguirlo, debemos morir a los deseos de la carne, a los placeres de este mundo, a la soberbia de la vida y al éxito como el mundo lo define. (Vea, por ejemplo, 1 Juan 2:16). Debemos morir para vivir; y debemos perder para ganar. (Vea, por ejemplo, Juan 12:24). Los creyentes deben comenzar a recordar estas verdades, buscar a Dios con todo su corazón y tomar sus lugares como miembros de la iglesia remanente; como la novia gloriosa que manifestará el poder de Dios sobre la tierra y preparará el camino para la venida de Jesucristo.

TESTIMONIOS DE LOS ÚLTIMOS TIEMPOS

Mario Dávila asiste al Ministerio El Rey Jesús en Miami. Durante la pandemia de la COVID-19, su tío en Nicaragua, quien estaba al comienzo de sus sesenta años, estuvo expuesto al virus y los médicos le dieron dos semanas de vida. Cuando su cuerpo dejó de funcionar, Mario y su esposa, llenos del Espíritu Santo, clamaron a Dios.

> Mi esposa y yo hemos sido testigos de la mano de Dios en esta crisis reciente. Nuestra fe ha sido encendida por los milagros que hemos visto en nuestra familia. El tío de mi esposa y sus compañeros de trabajo contrajeron el coronavirus. Sin embargo, aunque los compañeros de trabajo del tío estaban muriendo, él pasó por la enfermedad sin experimentar ningún síntoma.
>
> Además, mi tío de sesenta y un años contrajo el coronavirus y estuvo un mes en el hospital, entubado durante dieciséis días. Sufría insuficiencia renal, insuficiencia hepática, insuficiencia cardíaca e insuficiencia pulmonar. Los médicos le informaron a su hijo que solo tenía un 10 por ciento de probabilidades de vivir. Le dijeron que no había nada que hacer, que su padre moriría en dos semanas. Mi familia creó un grupo de internet para comunicarse con los hermanos de mi tío y averiguar cómo iban a lidiar con esta situación. Esperaban lo peor. De hecho, algunos de los miembros de mi familia estaban orando para que se hiciera la voluntad de

Dios al aceptar la posibilidad de su muerte. Sin embargo, les dije: "¡No! Vamos a creer que Cristo lo va a revivir y que él va a servir a Dios". Milagrosamente, mi tío se recuperó. De los seis pacientes que estaban con él, solo dos sobrevivieron, un joven y mi tío. ¡Fue un milagro! Pudimos ver el poder de Dios manifestado, un antes y un después visible, para Su gloria. Ahora, puedo testificar que mi familia está viviendo un gran avivamiento y que Dios usó este proceso para mostrarnos Su amor.

El siguiente es el testimonio de una mujer que, en medio del sacudimiento mundial, entregó su vida a Dios y ahora vive en lo sobrenatural, de milagro en milagro. Mientras otros se desesperan tratando de encontrar una salida a problemas imposibles, ella se vuelve a Dios y ve que sucede lo imposible.

Mi nombre es Edenia y soy originaria de Cuba. Me convertí al Señor en 2014. Fui víctima de violencia doméstica, tenía una niña de 4 años y no tenía recursos. Cuando emigré a los Estados Unidos, llegué llena de miedos. Mis padres no eran malas personas, pero durante mi infancia se divorciaron y su separación marcó mi corazón con resentimiento. Luego de ir a mi primer retiro en el Ministerio El Rey Jesús, el Señor comenzó a remover la falta de perdón, el resentimiento y el miedo. Entonces todo comenzó a encajar. Lo que más me impactó fue sentirme limpia por primera vez. El Señor perdonó todo mi pasado.

Había estado asistiendo al Ministerio El Rey Jesús no más de un año, cuando tuve una experiencia que me impactó aún más. Un día en la iglesia, estaba muy impresionada por la atmósfera espiritual; tuve un encuentro con el Señor en el que me atreví a creer en Su provisión e hice un pacto con Él con respecto al dinero que me quedaba en mi cuenta de banco —solo diez dólares— para comprar una casa; y Dios fue fiel. Le pedí al Señor por una casa de dos pisos, tres cuartos, dos baños y medio. Quería ser una líder de Casa de Paz,[16] así que quería una casa de esquina, espaciosa, con un baño

16. Una Casa de Paz se refiere al hogar de un miembro del Ministerio Internacional El Rey Jesús o de sus iglesias asociadas que recibe a vecinos, parientes y amigos con el propósito de compartir el evangelio del reino, enseñar la Palabra de Dios e impartir Su poder. La misma unción, poder sobrenatural y la presencia de Dios que se encuentran en la iglesia principal del Ministerio El Rey Jesús se manifiestan allí.

en el primer piso. Había incluido tantos detalles en mi petición de oración que mi familia pensó que estaba pidiendo demasiado. Pero en agosto de 2015 recibí exactamente la casa que había pedido. Ahora me atrevo a creerle a Dios por cualquier cosa.

Ese mismo año comencé a pedirle a Dios en nombre de mi media hermana, su esposo y su hijo que se pudieran reunir conmigo en los Estados Unidos. La gente me dijo que sería imposible que fueran aprobados por inmigración; pero yo le creí a Dios. Cuando fui a CAP 2015, hice un pacto y creí que antes del Día de la Madre de 2016 mi hermana y su familia estarían en los Estados Unidos. Por lo regular el proceso lleva de dos a cinco años; sin embargo, llegaron al país el domingo antes del Día de la Madre de 2016, tal como yo lo había declarado. Ese mismo año, perdí mi trabajo; pero no mi fe. De nuevo, hice un pacto con Dios y le dije: "Señor, no quiero un trabajo pequeño. Quiero un trabajo real en mi profesión, con beneficios". Y el Señor fue bueno, porque ese mismo año comencé a trabajar para el gobierno, con pago de vacaciones, un plan de jubilación y seguro médico. ¡Ya me han promocionado cinco veces!

En 2017 me diagnosticaron un quiste de unos cuatro centímetros cerca del ovario izquierdo. Incluso podía sentirlo por fuera. Cuando el médico quiso programar la cirugía, le dije que no, que creía en un Dios sobrenatural, y que ningún bisturí iba a tocar mi cuerpo. En una reunión de la iglesia, un profeta oró por las mujeres con quistes y declaró sanidad. En ese momento, sentí que el quiste se había ido. Después de tres semanas, fui al médico porque me dijo que no podía posponer más la cirugía. Cuando le dije que ya no tenía el quiste, sonrió con incredulidad. Hizo dos ultrasonidos porque no encontró el quiste en el primero. Al final me dijo: "Es verdad, ya no está. ¿No ha tenido dolor? ¿No ha sentido nada?" Yo le respondí: "No, solo he sentido la gloria de Dios en mi vida y sé que Él me sanó".

En CAP 2018 me atreví a creerle al Señor por mis deudas; le dije que quería entrar al 2019 libre de deudas. Entonces, hice un pacto y creí. Tuve un hermoso encuentro con el Señor y mi fe creció. Hice un pacto para refinanciar mi casa y pagar mis deudas. En

2019 comencé el proceso; hoy puedo testificar que refinancié toda la deuda y la casa. Recibí una llamada del banco para ofrecerme un tipo de interés prácticamente insólito, incluso para personas con buen crédito. Dejé de pagar más de 40,000 dólares en intereses. ¡Mi deuda fue pagada por completo!

CAPÍTULO 3

LA CORRUPCIÓN MORAL DE LA HUMANIDAD

La corrupción moral de la humanidad comenzó con la rebelión de la raza humana contra Dios en el jardín del Edén. (Vea Génesis 3). Desde entonces, la corrupción interna de los seres humanos ha afectado todos los aspectos de sus relaciones con Dios y con otras personas. A través de los milenios, esto también ha influido negativamente en todos los segmentos de la sociedad: el gobierno, la política, los negocios, la religión, las artes, los deportes, la música, la ciencia, la salud y mucho más. Aunque cada generación ha manifestado los efectos de la degeneración moral debido al pecado, la Biblia nos dice que la influencia y manifestación de esta depravación crecerá dramáticamente en los últimos tiempos. El corazón de las personas se corrompe cada vez más. Y en la primera parte del siglo XXI hemos visto un aumento en la degradación del carácter humano.

En el mundo natural sabemos que cuando una manzana comienza a podrirse, nada puede detener su completa descomposición ni evitar que arruine las otras frutas a su alrededor. La corrupción funciona de la misma manera, sin importar dónde la encontremos. Si no fuera por la salvación a través de Cristo, la corrupción moral sería irreversible para la raza humana. Esa es la razón por la que nadie en la tierra tiene un plan efectivo para detenerla, ni los gobiernos, ni las instituciones, ni las organizaciones religiosas. Solo Dios sabe cómo lidiar con eso; y no es mejorando al hombre, ni siquiera restaurándolo, sino haciéndolo *nuevo en Cristo*. De ahí que Jesús le dijo a Nicodemo, *"De cierto, de cierto te digo, que el que no* ***naciere de nuevo,*** *no puede ver el reino de Dios"* (Juan 3:3).

La regeneración en Jesús es la respuesta a la corrupción moral de la humanidad; pero el hombre se ha negado persistentemente a entregarse a Dios y a Sus planes para la raza humana. Pablo advirtió específicamente a Timoteo que *"en los postreros días vendrán tiempos peligrosos"* (2 Timoteo 3:1). El término "tiempos peligrosos" indica tiempos difíciles, violentos y estresantes, influenciados por una gran actividad demoníaca. *"Porque no tenemos lucha contra sangre y carne, sino contra principados, contra potestades, contra los gobernadores de las tinieblas de este siglo, contra huestes espirituales de maldad en las regiones celestes"* (Efesios 6:12). Creo que hoy estamos viviendo tiempos peligrosos en los que abunda la influencia demoníaca, no solo a través de la violencia, sino también a través de la inmoralidad. Esa influencia demoníaca ha venido sobre muchas personas y, como resultado, estamos viendo la corrupción moral que el apóstol Pablo declaró que sería característica del fin de los tiempos:

> *También debes saber esto: que en los postreros días vendrán tiempos peligrosos. Porque habrá hombres amadores de sí mismos, avaros, vanagloriosos, soberbios, blasfemos, desobedientes a los padres, ingratos, impíos, sin afecto natural, implacables, calumniadores, intemperantes, crueles, aborrecedores de lo bueno, traidores, impetuosos, infatuados, amadores de los deleites más que de Dios, que tendrán apariencia de piedad, pero negarán la eficacia de ella; a éstos evita. Porque de éstos son los que se meten en las casas y llevan cautivas a las mujercillas cargadas de pecados, arrastradas por diversas concupiscencias. Estas siempre están aprendiendo, y nunca pueden llegar al conocimiento de la verdad. Y de la manera que Janes y Jambres resistieron a Moisés, así también éstos resisten a la verdad; hombres corruptos de entendimiento, réprobos en cuanto a la fe.* (2 Timoteo 3:1–8)

Jesús anunció que los últimos días serían como los días de Noé:

> *Y vio Jehová que la maldad de los hombres era mucha en la tierra, y que todo designio de los pensamientos del corazón de ellos era de continuo solamente el mal. Y se arrepintió Jehová de haber hecho hombre en la tierra, y le dolió en su corazón... Y se corrompió la tierra delante*

de Dios, y estaba la tierra llena de violencia. Y miró Dios la tierra, y he aquí que estaba corrompida; porque toda carne había corrompido su camino sobre la tierra. Dijo, pues, Dios a Noé: He decidido el fin de todo ser, porque la tierra está llena de violencia a causa de ellos; y he aquí que yo los destruiré con la tierra. (Génesis 6:5–6, 11–13)

Mas como en los días de Noé, así será la venida del Hijo del Hombre. Porque como en los días antes del diluvio estaban comiendo y bebiendo, casándose y dando en casamiento, hasta el día en que Noé entró en el arca, y no entendieron hasta que vino el diluvio y se los llevó a todos, así será también la venida del Hijo del Hombre. (Mateo 24:37–39)

La generación de Noé se caracterizó por su dureza de corazón y su sordera a la voz de Dios. En aquella época, la maldad de los seres humanos era grande, y todos sus pensamientos eran malos. La tierra estaba llena de violencia, y toda carne era corrupta. Por lo tanto, el Señor trajo juicio sobre la tierra a través del diluvio, destruyendo toda vida humana, excepto a Noé y su familia. La condición moral de la humanidad es la misma hoy que en aquel entonces. El sacudimiento de los últimos tiempos que nuestro mundo está experimentando da testimonio de la corrupción de los seres humanos y su negativa a escuchar la voz de Dios. La actividad demoníaca está en su apogeo ahora, y no hay vuelta atrás.

LA CORRUPCIÓN MORAL DEL HOMBRE ES LA CAUSA PRINCIPAL DEL SACUDIMIENTO, PORQUE TRAE EL JUICIO DE DIOS.

¿QUÉ ES LA MORALIDAD?

Para entender mejor a qué se refiere la corrupción moral de la humanidad, primero me gustaría establecer qué es la moral. La moral de una persona son sus creencias con respecto a lo que es aceptable e inaceptable en su vida y en la sociedad. Indica su código de conducta o estándar de comportamiento. Los individuos, las familias, los grupos de personas y las naciones se sustentan gracias a que mantienen valores justos y los practican. De forma generalizada, la moral positiva entre las personas es una condición para establecer y mantener una sociedad recta y justa. Cuando Dios estableció a Israel como pueblo y nación, lo primero que le dio fue un código moral porque ese es el forro de la tela o el tejido de la sociedad; es lo que instruye y forma el carácter de sus miembros.

Exploremos más a fondo esta idea. Dios creó todas las naciones, pero eligió la nación de Israel para ser diferente, separada del resto, como un reflejo de Su propia naturaleza. *"Justicia y juicio son el cimiento de tu trono; misericordia y verdad van delante de tu rostro"* (Salmos 89:14). El enfoque de los israelitas hacia la vida debía ser diferente, especialmente desde un punto de vista moral. Dios les dio ciertas leyes y códigos de conducta, que eran de naturaleza tan sólida y saludable que muchas permanecen hoy en día, especialmente entre las sociedades cristianas de todo el mundo. La base de estas leyes son los Diez Mandamientos (vea Éxodo 20:1–17), cuya influencia incluso ha llegado a la esfera legal de nuestro tiempo. Por ejemplo, en el mundo de hoy, hay leyes contra el asesinato, dar falso testimonio, robar, etc., todo ello extraído del código moral israelita.

LA MORALIDAD DE UNA PERSONA MOLDEA SU CARÁCTER.

En la actualidad, vemos que los valores morales positivos en la familia y en la sociedad se diluyen cada vez más, hasta que desaparecen. Cuando esos valores disminuyen en una sociedad, esta se corrompe y acaba destruyéndose. La nación de los Estados Unidos, por ejemplo, nació y se fundó sobre los principios morales bíblicos que Dios dio al pueblo de Israel. Pero, hoy en día, nos hemos desviado tanto de esos fundamentos que tenemos que preguntarnos: ¿Sigue siendo EE. UU. una nación cristiana, o es simplemente una nación con un número de cristianos en ella? La evidencia de una nación sometida a Dios es la justicia y el juicio justo. ¿Cómo podemos decir que somos una nación sometida a Dios, con moral cristiana, cuando nuestra tierra carece de justicia? Vemos a personas que sufren daños físicos a manos de otros, que se derrama sangre inocente, que los líderes abusan del poder y oprimen a los débiles, vemos ricos que explotan a los pobres, y tantas otras formas de injusticia.

Los valores de Dios se expresan en la Biblia, y comienzan con estos claros principios:

> *Y amarás a Jehová tu Dios de todo tu corazón, y de toda tu alma, y con todas tus fuerzas.* (Deuteronomio 6:5)

> *A Jehová tu Dios temerás, a él solo servirás, a él seguirás, y por su nombre jurarás.* (Deuteronomio 10:20)

Todos los valores que se encuentran en los Diez Mandamientos se basan en estos principios. Hoy, hay muchas personas que no aman ni temen a Dios y tampoco enseñan a sus hijos a amarlo, temerlo, servirlo ni seguirlo. Por esta razón, se están perdiendo los valores morales justos. Si carecemos de estos principios fundamentales, no tendremos base alguna para desarrollar valores sociales que procedan de ellos.

Después del compromiso de seguir a Dios y Sus caminos, el valor moral más fundamental que una persona puede tener es el compromiso de construir una familia amorosa, fuerte y unida en el Señor. Dios creó al hombre y a la mujer y les dio el mandato, *"Fructificad y multiplicaos"* (Génesis 1:28); por lo tanto, el matrimonio es una institución divina, que fue, es y siempre debe ser entre un hombre y una mujer. Cuando eliminamos estos valores básicos relacionados con la familia, creamos familias disfuncionales.

Al día de hoy, hay una creciente falta de padres en el hogar debido a la separación matrimonial y al divorcio, así como a que hay hombres que abandonan a sus familias tras tener hijos fuera del matrimonio con otras parejas. Según el plan de Dios, los hombres deben servir como sacerdotes de sus familias. (Vea, por ejemplo, 1 Corintios 11:3). Cuando los hombres están ausentes de la familia, las mujeres se ven obligadas a asumir el papel de líderes espirituales, además de cumplir sus propios roles. Asimismo, los niños crecen sin padres que los guíen y, en consecuencia, carecen de un verdadero sentido de identidad. Este es el caso actual de nuestra sociedad. Hoy podemos decir que vivimos en un planeta de huérfanos, porque esta generación está llena de niños que carecen de identidad y de hijas e hijos pródigos que recurren a las drogas, la inmoralidad sexual y otros vicios porque no han crecido en un hogar amoroso ni basado en los valores de Dios.

En otro ejemplo de valores perdidos, la sociedad norteamericana, en su mayor parte, acepta el aborto como algo normal. Considera que el aborto es "el derecho de una mujer a controlar su propio cuerpo", independientemente de los derechos de la persona en su vientre.[17] En los Estados Unidos, la aceptación general del aborto ha aumentado en los últimos sesenta años porque la nación ha perdido los valores morales del Creador. Pero sin importar lo que piense la sociedad, el aborto sigue siendo un pecado ante Dios, que nos separa de Él y acarrea terribles consecuencias. ¡Se ha perdido el valor de la vida! A menudo, los animales son hoy más valorados que un bebé en el vientre de su madre.

En nuestra sociedad, el pecado está siendo constantemente legalizado. Todo el mundo está defendiendo egoístamente sus propios derechos; pero relativamente pocos están defendiendo las causas de Dios: los derechos de los inocentes, los derechos de aquellos que no pueden defenderse a sí mismos. (Vea, por ejemplo, Santiago 1:27). Como cristianos debemos defender los valores morales perdidos, como la justicia, la integridad, la verdad, la rectitud y la misericordia. "*Si fueren destruidos los fundamentos, ¿qué ha de hacer el justo?*" (Salmos 11:3).

¿QUÉ ES LA CORRUPCIÓN?

Ahora que hemos definido la moralidad, exploremos la definición de corrupción. La palabra *corrupción* simplemente significa perversión, decadencia, podredumbre y ruina. En el ámbito moral, la corrupción se refiere al "comportamiento deshonesto o ilegal, especialmente por parte de personas poderosas", la "inducción al mal por medios indebidos o ilegales (como el soborno)", es la "desviación de lo original, de lo que es puro o correcto", y las "conductas inmorales o las prácticas perjudiciales u ofensivas para la sociedad".[18] Incluidas en estas definiciones deberían estar el abuso de

17. Alison Durkee, "La mayoría de los estadounidenses apoyan el aborto, según las encuestas—pero no más adelante en el embarazo", *Forbes*, 25 de junio de 2021, https://www.forbes.com/sites/alisondurkee/2021/06/25/majority-of-americans-support-abortion-poll-finds---but-not-later-in-the-pregnancy.

18. *Merriam-Webster.com Dictionary*, s.v. "corruption", https://www.merriam-webster.com/dictionary/corruption, y *Merriam-Webster.com Thesaurus*, s.v. "corruption", https://www.merriam-webster.com/thesaurus/corruption.

poder para beneficio personal. "*La corrupción no es suya; de sus hijos es la mancha, generación torcida y perversa*" (Deuteronomio 32:5).

Un informe de las Naciones Unidas de 2018, que resume los comentarios del secretario general Antonio Guterres, dice que el problema de la corrupción "está presente en todas las naciones, ricas y pobres, del norte y del sur, desarrolladas y en desarrollo". El secretario general declaró: "La corrupción despoja a escuelas, hospitales y otros, de fondos vitalmente necesarios". El informe de la ONU también dice que, según el Banco Mundial, "las empresas e individuos pagan más de 1 trillón de dólares en sobornos cada año".[19] El Foro Económico Mundial enfatiza: "Se estima que la corrupción le cuesta a la economía mundial el 5 % del PIB al año, lo que equivale a 3.6 trillones de dólares".[20] Por ejemplo, un experto de la Unión Africana (UA) afirmó: "Los países africanos podrían estar perdiendo 100 mil millones de dólares estadounidenses al año a través de la corrupción".[21] Según el Programa de las Naciones Unidas para el Desarrollo (PNUD): "El soborno y los pagos de 'facilitación' son una práctica común en la mayoría de países de Asia y el Pacífico... En algunos países (India, Vietnam, Pakistán, Tailandia) la incidencia de sobornos reportada es dramáticamente alta, con tasas superiores al 40 %".[22] También se ha estimado que Centroamérica pierde 13,000 millones de dólares cada año debido a la corrupción. Eso representa el 5 % del producto interno bruto de la región.[23]

---

19. "El costo global de la corrupción representa al menos el 5 % del producto interno bruto mundial, dice el Secretario General al Consejo de Seguridad, citando datos del Foro Económico Mundial", Naciones Unidas, septiembre 10, 2018, https://www.un.org/press/en/2018/sc13493.doc.htm.
20. Lisa Ventura, "Misión y objetivos del Consejo", Foro Económico Mundial, https://www.weforum.org/communities/gfc-on-transparency-and-anti-corruption.
21. "La corrupción podría costar a África 100,000 millones de dólares al año: AU", *Xinhuanet*, enero 27, 2018, http://www.xinhuanet.com/english/2018-01/27/c_136929533.htm.
22. Diana Torres, "El futuro es asiático, pero la corrupción lo mantiene anclado en el pasado", julio 17, 2019, Programa de las Naciones Unidas para el Desarrollo: Asia y el Pacífico, https://www.asia-pacific.undp.org/content/rbap/en/home/blog/2019/the-future-is-asian-but-corruption.html.
23. Imelda Cengic, "Informe: Centroamérica pierde 13,000 millones de dólares por la corrupción", Proyecto de Reporte del Crimen Organizado y la Corrupción, octubre 31, 2019, https:// www.occrp.org/en/daily/11028-report-central-america-is-losing-us-13-billion-to-corruption.

El declive moral en nuestro mundo es evidente. La corrupción ha invadido la sociedad a todo nivel. Los valores se están perdiendo. Los estándares de comportamiento siguen deteriorándose. En muchos sentidos, la sociedad global ve lo que es bueno como malo, y lo que es malo como bueno. (Vea Isaías 5:20). La gente ha perdido su sensibilidad ante el bien y el mal; los comportamientos que son moralmente erróneos ya no les parecen graves ni aterradores porque constantemente están expuestos a ejemplos e ilustraciones de ellos —ya sea personalmente o a través de los medios de comunicación o de la internet— presentados de manera positiva.

Como escribí anteriormente, las personas están comprometiendo los principios de Dios porque han perdido el respeto hacia su Creador. Muchos líderes cristianos no exhiben la integridad que tenían los primeros apóstoles. Pablo escribió: "*Así que, amados, puesto que tenemos tales promesas, limpiémonos de toda contaminación de carne y de espíritu, perfeccionando la santidad en el temor de Dios. Admitidnos: a nadie hemos agraviado, a nadie hemos corrompido, a nadie hemos engañado*" (2 Corintios 7:1–2). La moral y la verdad por igual se han visto comprometidas; hoy en día es común que las personas afirmen tener "su propia verdad" y traten de hacerla cumplir en la vida de los demás, incluso a nivel internacional. No reconocen que la verdad se origina en Dios. La prioridad de cada uno se ha convertido en su propia verdad.

Por lo tanto, "*los días de Noé*" (Mateo 24:37) están de vuelta, y con ellos su desviación de la moralidad y la corrupción total del carácter humano. En los días de Noé, el juicio de Dios sobre el mundo fue el diluvio; pero hoy, Su juicio está comenzando con el sacudimiento de todas las cosas: los cielos, la tierra, las instituciones, los gobiernos, los líderes, las economías y más. Él está juzgando a quienes no se arrepienten de su pecado y corrupción.

EL SACUDIMIENTO DE LOS ÚLTIMOS TIEMPOS ES EL JUICIO DE DIOS CONTRA LA CORRUPCIÓN DEL HOMBRE.

CAUSAS DE LA CORRUPCIÓN MORAL

La causa subyacente de la degeneración del carácter humano, que proviene de la falta de respeto a Dios, es el egocentrismo, que la humanidad heredó de la caída de Adán y Eva en el Edén y que se ha desarrollado aún más en los milenios que han seguido. Ese egocentrismo se manifiesta a través de tres características sobre las que leímos anteriormente en el pasaje de 2 Timoteo 3: el amor a sí mismos (en el sentido de autosuficiencia), el amor al dinero y el amor al placer. En su naturaleza caída, los seres humanos son amantes de sí mismos en lugar de amantes de Dios, y desean dinero y placer en lugar de santidad y comunión con su Creador y Padre.

EL AMOR A SÍ MISMOS

"En los postreros días... los hombres serán amadores de sí mismos" (2 Timoteo 3:1–2). Las personas que están sumidas en el amor a sí mismas son cautivadas por la naturaleza adánica caída —lo que la Biblia llama "la carne", "el viejo hombre" o la "naturaleza pecaminosa". (Vea, por ejemplo, Romanos 6:6; Gálatas 5:16–17). Las manifestaciones del "yo" son el egoísmo, la autopreservación, el ensimismamiento, la autoexaltación, la autosuficiencia, la autojustificación, la autoconciencia, la autogratificación, la autosatisfacción, la ambición egoísta, el estar lleno de sí mismos, el egocentrismo, etc. Cada pecado o corrupción moral se basa en el ego, y el ego está arraigado en la rebelión y el orgullo de la humanidad caída. Esta es la misma rebelión y orgullo que provocó la caída de Satanás:

> *¡Cómo caíste del cielo oh Lucero, hijo de la mañana! Cortado fuiste por tierra, tú que debilitabas a las naciones. Tú que decías en tu corazón: Subiré al cielo; en lo alto, junto a las estrellas de Dios, levantaré mi trono, y en el monte del testimonio me sentaré, a los lados del norte; sobre las alturas de las nubes subiré, y seré semejante al Altísimo.*
>
> (Isaías 14:12–14)

Así como nuestros dedos están unidos a la palma de nuestras manos, así el pecado está arraigado al yo. Por lo tanto, el amor al yo distorsionado es la génesis de la corrupción, la perversión y la desintegración del carácter humano. Uno conduce al otro en un espiral de degradación que nunca termina, siempre avanzando hacia un mal mayor y, en última instancia, resultando en la condenación eterna a menos que una persona se arrepienta y se vuelva a Dios.

El amor a sí mismo ha llevado a que gran cantidad de matrimonios en el mundo moderno se desintegren, así como al abuso sexual, físico, emocional, verbal y financiero. Ha dado lugar a decenas de hijos ilegítimos; adolescentes embarazadas, rechazadas, maltratadas y abandonadas, muchas de las cuales recurren al aborto; mujeres y hombres que se prostituyen por dinero; y personas que caen en la depresión, drogas, alcohol y suicidio. Además, aquellos que deberían estar abogando por los valores morales que sostienen nuestra vida en la tierra terminan cediendo ante las presiones del ego. Por ejemplo, el Papa Francisco, líder de la iglesia católica, anunció recientemente su apoyo a las uniones civiles de parejas homosexuales.[24]

El amor al yo es el que destruye la sociedad porque la gente solo piensa en sí misma y en satisfacer las exigencias de su yo egocéntrico y arrogante que dice: *Soy tan importante que vivo por y para mí mismo y para nadie más. Soy el primero, el segundo y el último; nadie más importa. Yo soy el centro de todo.* En contraste, la Palabra de Dios dice: "*Nada hagáis por contienda o por vanagloria; antes bien con humildad, estimando cada uno a los demás como superiores a él mismo; no mirando cada uno por lo suyo propio, sino cada cual también por lo de los otros*" (Filipenses 2:3–4).

EL AMOR AL DINERO

"*En los postreros días... los hombres serán... amantes del dinero*" (2 Timoteo 3:1–2). Con respecto al amor al dinero, la Biblia dice explícitamente: "*Porque raíz de todos los males es el amor al dinero, el cual codiciando algunos, se extraviaron de la fe, y fueron traspasados de muchos dolores*" (1 Timoteo 6:10). Podemos observar claramente que el amor al dinero es un espíritu fuerte que domina la sociedad actual. Muchas personas trabajan incansablemente para obtener más y más dinero; otros hacen fraude, roban, engañan y se involucran en negocios turbios con el propósito de obtener riquezas. En términos generales, nuestra cultura contemporánea admite que si una profesión o empresa genera dinero está justificada, independientemente de su moralidad; como resultado, se están sacrificando los valores

24. Elizabeth Povoledo, "El Vaticano aclara los comentarios del Papa Francisco sobre las uniones entre personas del mismo sexo", *New York Times*, 2 de noviembre de 2020, https://www.nytimes.com/2020/11/02/world/europe/pope-gay-civil-unions.html.

personales y sociales. Por ejemplo, se calcula que cada año la industria pornográfica aporta varios miles de millones de dólares de ingresos solo en los Estados Unidos, y hasta 97,000 millones de dólares a nivel mundial.[25] Sin embargo, esta industria se basa en la perversión moral y sexual de millones de adultos, jóvenes y niños de todo el mundo. En muchos casos, su uso no está prohibido ni penalizado. Es casi imposible que prevalezca la justicia cuando el amor al dinero prevalece sobre todos los valores morales, porque aquellos que se enriquecen explotando a otros lucharán por mantener sus ganancias.

EL AMOR AL PLACER

"En los últimos días... la gente estará... amigos del placer" (2 Timoteo 3:1–2, 4 NVI). El amor al placer siempre será una raíz de corrupción porque anula cualquier valor moral simplemente para satisfacer las exigencias del yo.

> *Porque todo lo que hay en el mundo, los deseos de la carne, los deseos de los ojos, y la vanagloria de la vida, no proviene del Padre, sino del mundo. Y el mundo pasa, y sus deseos; pero el que hace la voluntad de Dios permanece para siempre.* (1 Juan 2:16–17)

El amor al placer reina sobre nuestra cultura hoy en día. Durante las últimas décadas, el eslogan de nuestra sociedad ha sido esencialmente: "Si se sienten bien, háganlo". Esta también parece ser la conclusión de la mayoría de psicólogos con respecto a la homosexualidad y otras prácticas sexuales contrarias al propósito divino para el sexo. También es el consejo de los padres modernos a sus hijos cuando no están seguros sobre qué hacer en ciertas situaciones. Los padres no los guían por los caminos del consejo de Dios, ni les hablan de las consecuencias de sus decisiones, ni de su responsabilidad ante sí mismos y ante los demás. En cambio, se enfocan en la "felicidad" de sus hijos y en la satisfacción de sus deseos. Sin embargo, una vez que dan este consejo, muchos padres empiezan a descubrir que la vida de sus hijos es un desastre, pero siguen sin saber por qué.

---

25. Ross Benes, "La pornografía podría tener una mayor influencia económica en EE. UU. que Netflix", 20 de junio de 2018, *yahoo!finance*, https://finance.yahoo.com/news/porn-could-bigger-economic-influence-121524565.html; "Las cosas mejoran en la industria del porno en Estados Unidos", NBC News, 20 de enero de 2015, https://www.nbcnews.com/business/business-news/things-are-looking-americas-porn-industry-n289431.

LA SOLUCIÓN AL "YO"

Como sabemos, el sacudimiento de los últimos tiempos no es algo que podamos evitar, porque es el resultado de siglos de juicio por la rebelión del hombre contra Dios y Su plan soberano para la tierra. Sin embargo, podemos extraer lecciones de esta sentencia, y una de esas lecciones es la siguiente: para que permanezcamos en Cristo y seamos el remanente que Él tomará en Su aparición, no podemos permanecer centrados en nuestro ego. La corrupción moral del mundo continuará, pero debemos apartarnos de ella y en su lugar buscar la santidad. Con Su muerte y resurrección, Jesús pagó por nuestras iniquidades y nos limpió de la corrupción que nos separaba del Padre y nos conducía a la muerte espiritual por toda la eternidad. Jesús se convirtió en nuestra propiciación:

> *Siendo justificados gratuitamente por su gracia, mediante la redención que es en Cristo Jesús, a quien Dios puso como propiciación [asiento de misericordia] por medio de la fe en su sangre, para manifestar su justicia, a causa de haber pasado por alto, en su paciencia, los pecados pasados, con la mira de manifestar en este tiempo su justicia, a fin de que él sea el justo, y el que justifica al que es de la fe de Jesús.*
> (Romanos 3:24–26)

> *En esto consiste el amor: no en que nosotros hayamos amado a Dios, sino en que él nos amó a nosotros, y envió a su Hijo en propiciación por nuestros pecados.* (1 Juan 4:10)

La solución para tratar con el ego se encuentra en lo que Jesús les dijo a Sus discípulos cuando les anunció todos los sufrimientos que pasaría para salvarnos de la condenación eterna: "*Entonces Jesús dijo a sus discípulos: Si alguno quiere venir en pos de mí, niéguese a sí mismo, y tome su cruz, y sígame. Porque todo el que quiera salvar su vida, la perderá; y todo el que pierda su vida por causa de mí, la hallará*" (Mateo 16:24–25). Para evitar que el yo nos controle, necesitamos arrepentirnos de todo pecado, humillarnos delante de Dios, negarnos a nosotros mismos y tomar nuestra cruz y seguir a Cristo. Enseguida profundizaré sobre estos cuatro puntos, porque los considero vitales para el llamado del remanente de Dios en la iglesia actual.

1. ARREPENTIRNOS DE TODO PECADO

Hemos visto que nada en la tierra puede cambiar o reparar el corazón humano, que es la esencia de nuestro carácter; por lo tanto, la corrupción moral es irreversible. Ni la religión, ni el gobierno, ni la filosofía, ni la tradición, ni la sabiduría humana pueden cambiarlo. Solo Jesucristo y Su obra terminada en la cruz tiene el poder de transformar nuestros corazones. La condición para esta transformación, sin embargo, es que haya verdadero arrepentimiento de nuestra parte: *"Así que, arrepentíos y convertíos, para que sean borrados vuestros pecados; para que vengan de la presencia del Señor tiempos de refrigerio"* (Hechos 3:19). La obra de Jesús en la cruz nos limpia de nuestra corrupción moral, pero solo si reconocemos nuestros pecados, nos arrepentimos de ellos y confiamos en Su sacrificio a favor nuestro.

Por lo tanto, la manera de vencer el yo es reconociendo que somos pecadores, egoístas y egocéntricos. Nuestros corazones son corruptos y debemos arrepentirnos de inmediato. Jesús comenzó Su ministerio con esta declaración: *"El tiempo se ha cumplido, y el reino de Dios se ha acercado; arrepentíos, y creed en el evangelio"* (Marcos 1:15). Si queremos el reino de Dios en nuestras vidas, debemos apartarnos de nuestros malos caminos —mentiras, ira, amargura, terquedad, orgullo, ambición, falta de perdón, embriaguez, inmoralidad sexual y otras malas acciones— y recibir la justicia de Cristo.

EL ARREPENTIMIENTO ACTIVA EN NUESTRAS VIDAS LA OBRA DE JESÚS EN LA CRUZ.

---

2. HUMILLARNOS DELANTE DE DIOS

Humillarnos delante de Dios es someternos a Él y reconocer que Sus caminos son más altos que nuestros caminos, y Sus pensamientos más que nuestros pensamientos. (Vea Isaías 55:8–9). Es reconocer que dependemos completamente de Él. Solo Dios tiene la solución para nuestras vidas, nuestras familias, nuestro país, las perplejidades y crisis que enfrentamos, la condición corrupta del corazón humano y todo lo demás. Esa solución se encuentra en la cruz de Jesús. Es por eso que Dios dijo: "*Si se humillare mi pueblo, sobre el cual mi nombre es invocado, y oraren, y buscaren mi rostro, y se convirtieren de sus malos caminos; entonces yo oiré desde los cielos, y perdonaré sus pecados, y sanaré su tierra*" (2 Crónicas 7:14). O nos humillamos, o Dios nos va a humillar. Tenemos que tomar la decisión de humillarnos ahora.

HUMILLARNOS DELANTE DIOS ES LA CLAVE PARA LA SANIDAD DE NUESTRA TIERRA.

---

3. NEGARNOS A NOSOTROS MISMOS

Dios ve la autonegación de una persona ante Él como el mayor sacrificio y prueba de su amor, entrega total y obediencia hacia Él. Negarnos a nosotros mismos es poner en un segundo plano lo que queremos, sentimos y pensamos, para darle prioridad a lo que Dios quiere, siente y piensa, teniendo fe en que Él conoce lo que es mejor para nosotros. Es reconocer que no sabemos cómo tomar las mejores decisiones para nosotros mismos o para los demás, y que hemos perdido el rumbo, como individuos y como raza. Es decirle no a nuestra vieja manera de vivir y pensar, a los deseos corruptos, a los hábitos negativos, a los malos pensamientos y todo lo que procede de la carne y del diablo.

Una vez más, vivimos en una generación en la que la mayoría de las personas se preocupan solo por sí mismas. Nuestra sociedad busca en todo la gratificación instantánea y el "sentirse bien". Sin embargo, para vencer el egoísmo, debemos negarnos al yo, darle la espalda, rehusar entregarnos a los placeres falsos y corruptos, y en su lugar someternos a Dios. Esto va contra la corriente de lo que piensa la sociedad moderna; por lo tanto, cuando vivimos de esa manera, no podemos esperar tener la aprobación de nuestros compañeros ni de otros. Más bien, debemos esperar ser incomprendidos y rechazados por el mundo en que vivimos. Ese es el precio de la negación. Nuestra única aprobación vendrá de Dios. Pablo escribió: "*Sino que según fuimos aprobados por Dios para que se nos confiase el evangelio, así hablamos; no como para agradar a los hombres, sino a Dios, que prueba nuestros corazones*" (1 Tesalonicenses 2:4).

NEGARNOS A NOSOTROS MISMOS NOS LIBERA DE LA CORRUPCIÓN MORAL.

4. TOMAR NUESTRA CRUZ Y SEGUIR A CRISTO

Podemos intentar seguir a Jesús y ser Sus discípulos, pero si no tomamos nuestra cruz, no conquistaremos nuestro yo. La cruz es el lugar donde morimos. Es donde clavamos todos nuestros pecados, iniquidades, rebeliones, orgullo, arrogancia y todo lo demás que nos separa de Dios. Es donde entregamos nuestra voluntad completamente a Cristo para convertirnos en Sus fieles seguidores. Pero debemos recordar que esta muerte no viene sin recompensa, porque todos los que mueren con Cristo también vivirán con Él:

> *Y si morimos con Cristo, creemos que también viviremos con él.*
> (Romanos 6:8)

> *De cierto, de cierto os digo, que si el grano de trigo no cae en la tierra y muere, queda solo; pero si muere, lleva mucho fruto. El que ama su vida, la perderá; y el que aborrece su vida en este mundo, para vida eterna la guardará.* (Juan 12:24–25)

UNA INVITACIÓN SINCERA

Amado lector, lo invito hoy a arrepentirse de todo pecado, humillarse ante Dios, negarse a sí mismo, tomar la cruz de Cristo y seguirlo en un camino que va totalmente en contra de las costumbres caídas de la mayoría de la humanidad. Hoy, la mayor parte de los seres humanos está en un camino acelerado hacia la perdición. El llamado a formar parte del remanente de Dios requiere arrepentimiento y humildad. Nadie dijo que sería fácil, pero el Espíritu Santo todavía está presente en la tierra y dentro de nosotros para darnos Su fuerza y poder para vencer. (Vea, por ejemplo, 1 Juan 4:4).

¿Cómo responderá a ese llamado? ¿Cuál será su actitud ante la corrupción que arrastra a multitud de personas, incluidos muchos cristianos? Los invito a orar conmigo la siguiente oración:

> Señor Jesús, hoy me arrepiento de haber vivido al servicio de mi ego, buscando la satisfacción del yo, el dinero y el placer. Reconozco que no he estado en el camino correcto, y te pido perdón. Ahora mismo me humillo en Tu presencia, anhelando el poder de Tu Espíritu para transformarme a Tu imagen. Tomo la decisión de negarme a mí mismo en todo lo que me aleja de Ti y de tomar mi cruz para poder seguirte. Concédeme Tu gracia para seguir tus pasos, para soportar la persecución por Ti y Tus propósitos, y para resistir toda tentación del enemigo. Concédeme Tu gracia para ser y permanecer como miembro de Tu remanente hasta que vengas por mí. Sé que si muero contigo, también viviré contigo, junto con el Padre celestial, por toda la eternidad. ¡Aleluya!

TESTIMONIOS DE LOS ÚLTIMOS TIEMPOS

Nicole sufrió un gran sacudimiento hasta que buscó a Dios. Él trajo avivamiento a su vida, y la llevó de ser una mujer abusada, llena de amargura e ira, a ser un ejemplo para su hija y una líder para otros que buscan un cambio.

> Vengo de una familia muy disfuncional. Mis padres se separaron cuando era un niña. Mi padre nunca me afirmó ni me dijo que me amaba. Después de volver a casarse, engañó a su nueva esposa, y siguió siendo infiel e irrespetuoso con las mujeres. Mis tíos hicieron lo mismo, y mis tías lo permitieron. Todas las mujeres de mi familia vivían con hombres y tenían hijos fuera del matrimonio. Crecí con mucha inseguridad, carente de dirección y sin el ejemplo de un buen matrimonio o buenas relaciones familiares. La disfunción era la norma; era todo lo que había visto.
>
> Me enamoré de un hombre cuando era muy joven. Pensé que éramos la pareja ideal, y tuvimos una hija juntos. Sin embargo, el idilio terminó cuando se volvió obsesivo. No me dejaba ver a mi familia o amigos. Me secuestraba para que nadie me encontrara, y

amenazaba con matar a nuestra hija si lo dejaba. ¡Pasé siete años en ese infierno! Pensé que esa era una vida normal; no conocía nada mejor. Sin embargo, todo terminó cuando mi esposo embarazó a otra mujer.

De ahí, pasé a tener una relación con un narcotraficante, y él, también, era controlador. Materialmente, tenía todo lo que quería —la casa, el carro, el dinero— pero sentía un vacío en mi corazón. Un día, mientras veía la televisión, escuché a un predicador hablar de Dios. De repente, una gran paz se apoderó de mí, y supe que en la vida había más de lo que yo conocía. Vislumbré lo que sería mi futuro si seguía como estaba, y supe que no quería seguir así ni dejar ese legado negativo a mi hija.

Cuando fui al Ministerio El Rey Jesús, Dios rompió mis ataduras. Él me llevó de vuelta a mi infancia, a los miedos e inseguridades, a los lugares que había caminado y cómo había dejado que la gente me maltratara, y Él me sanó. En El Rey Jesús me dijeron que yo era valiosa y que Dios tenía un plan para mí. Encontré alegría, paz y el perdón, no solo de Dios, sino de mí misma. Me bauticé y tomé las clases para nuevos creyentes. Todo iba bien; hasta que llegó el momento de la formación de liderazgo. Pensé que no tenía nada que ofrecer, nada que decir o dar, pero la visión de esta casa me empoderó. Tomé los cursos y empecé a enseñar en una Casa de Paz. Allí, comencé a orar por la gente y a guiarlos a Cristo. De repente, esa mujer insegura, que hacía todo mal, estaba impactando vidas con el amor de Dios. Eso me dio el valor para continuar.

Pasé por un largo proceso de transformación y sanidad para poder tener, algún día, un buen matrimonio. Dios me dio un hombre que me respeta y me ama, que no se aprovecha de mí ni me hace daño. Mi hija fue testigo de mi transformación. Un día me dijo: "Mami, estás más tierna. Ya no pasas de 0 a 100 de enojo como antes. Yo quiero ser como tú". No había advertido que ella veía mis manifestaciones de ira, ni que me desquitaba con ella. Mi hija y el resto de mi familia me vieron dejar los clubes nocturnos, los hombres, y tantas cosas horribles que hacía. Perdoné a muchos familiares por todo lo que me habían hecho y compartí el amor de

> Dios con ellos. Ese perdón me cambió; no tenía más amargura, ira ni reproches, solo paz y amor hacia ellos. Me convertí en un ejemplo de integridad, carácter y amor por mi hija. Gran parte de mi familia hoy es cristiana gracias a ese perdón y amor de Dios que transformó mi vida.

Giosue, de Italia, testifica cómo él y su iglesia han experimentado el poder de Dios durante la pandemia de coronavirus, gracias a la impartición del fuego de Dios que recibieron mientras asistían a la Conferencia RMNT en línea 2020 de nuestro ministerio, que llevó por nombre "Un llamado al avivamiento".

> Los miembros de nuestra iglesia tenían una gran expectativa acerca de lo que sucedería durante ese avivamiento, y sabemos que Dios está obrando en medio de esta temporada. Durante estos tiempos difíciles, cuando todo lo demás se detuvo durante la pandemia —la economía, el país, el mundo— la iglesia siguió adelante. Tenemos testimonios poderosos. Cuando oramos por personas con la COVID-19, ellos fueron sanados. De hecho, durante la cuarentena, una enfermera se convirtió al Señor. En medio del caos, se fue a trabajar fielmente, y fue la única persona que no se enfermó. Todos los pacientes a los que atendió y por los que oró se recuperaron por completo. También abrió una Casa de Paz en el hospital; ese grupo está formado por sesenta profesionales de la salud. Muchos médicos y enfermeras asisten porque ven la protección de Dios sobre sus vidas y las sanidades que Dios está haciendo. Vemos que allí ocurren milagros sobrenaturales. Debido a esas manifestaciones, los compañeros de trabajo de esta enfermera, así como los médicos, le piden que ore por ellos para que Dios los proteja y los sane. ¡Gloria a Dios!

CAPÍTULO 4

LOS PROPÓSITOS DE DIOS PARA EL SACUDIMIENTO

Como he venido enfatizando, el sacudimiento final es inevitable, incluso ahora mismo estamos en medio de él. La naturaleza está siendo sacudida como nunca, la economía mundial con frecuencia se enfrenta a desafíos y crisis, y los valores morales están siendo violentamente anulados en todas las áreas. Las instituciones de gobierno, educación, ciencia, religión, familia y otras, que antes eran tan firmes y seguras, también están siendo sacudidas, y la gente desconfía cada vez más de ellas. Una vez que pase este sacudimiento global, todo habrá sido desplazado; nada estará donde solía estar.

Según un artículo en la sección de noticias internacionales de *Vozpopuli*, en solo los primeros ocho meses de 2020, "debido a los preocupantes índices de calentamiento global... se han registrado al menos ocho desastres de alta magnitud" en el mundo. Estas calamidades incluyen lo siguiente: a nivel mundial, el altamente contagioso coronavirus y todas sus consecuencias, que están afectando a miles de millones de personas; en Australia, los incendios de 2019 a 2020, con un estimado de 15,000 brotes de fuego que emitieron 400 megatoneladas (400 millones de toneladas) de CO^2 a la atmósfera; en el norte de Ucrania, los incendios de Chernóbil, que tuvieron lugar muy cerca de una planta conocida por tener altos niveles de radiactividad; en el Este de África, la plaga de langostas que puso en peligro el suministro de alimentos de más de 12 millones de personas; en los Estados Unidos, la alerta sobre el gigantesco avispón asiático, cuya picadura puede causar la muerte de personas; en el norte de Rusia, en el círculo polar ártico, el derrame de 20,000 toneladas de diésel en un río, cuya limpieza podría tomar hasta diez años y costar más de 1,500 millones de dólares; la nube de polvo procedente del Sahara, que afectó principalmente a Cuba, Puerto Rico, Martinica y Guadalupe, lo que provocó que "el aire de ese territorio [se] oscureciera y [resultara] contaminado, alcanzando proporciones históricas"; y finalmente, en Beirut, Líbano, las explosiones de un depósito de fuegos artificiales que dejaron más de 150 muertos, 5,000 heridos y más de 200,000 personas sin hogar, lo que provocó unos 3,000 millones de dólares en pérdidas materiales.[26] No cabe duda que el mundo está en crisis.

En parte, esto está ocurriendo porque a ciertos poderosos espíritus demoníacos ahora se les está permitiendo correr desenfrenadamente por la tierra, tras haber sido retenidos por Dios hasta el final de los tiempos. Puesto que antes no habían pisado este mundo, ahora vemos atrocidades, o grados de atrocidad, que anteriormente no veíamos. Dios está permitiendo esto con el fin de sacudir de nuestras vidas lo que no nos pertenece, incluyendo personas, lugares y cosas. Permanecerá solo aquello que es verdadero, firme y está fundamentado en Él. Todo lo demás será desplazado.

Aunque los sacudimientos pueden ser dolorosos y traernos incertidumbre, también son proféticos; nos ayudan a distinguir lo verdadero de lo falso, lo permanente de lo temporal y lo importante de lo trivial. Sin embargo, como he indicado anteriormente, si no entendemos el propósito del sacudimiento, nos sentiremos perdidos, castigados por Dios, e incluso abandonados. Por lo tanto, en este capítulo exploraremos más a fondo las razones de Dios para traer este sacudimiento a nuestra generación. Siempre debemos tener en cuenta que Su propósito al sacudir el mundo es traer juicio, dándonos antes la oportunidad de arrepentirnos. Sin embargo, Su propósito al sacudir la iglesia es purificarla. Veamos ahora algunas razones específicas para el sacudimiento.

PARA REVELAR NUESTROS MOTIVOS

El propósito principal de Dios al sacudir a Su pueblo es revelar lo que hay en sus corazones, porque en el corazón es donde radican los verdaderos

26. Samuel Suárez, "Las ocho catástrofes mundiales más impactantes en lo que va de 2020", *Vozpopuli*, 17 de agosto de 2020, https://www.vozpopuli.com/internacional/catastrofes-mundiales-impactantes-2020_0_1381961973.html.

deseos e intenciones. Este sacudimiento saca a la luz nuestras motivaciones ocultas, y por consiguiente sacará a la luz por qué hacemos lo que hacemos, para dejar al descubierto nuestras agendas personales. Cuando Dios sacude a una persona, familia, iglesia, gobierno o sociedad, ciertos elementos, actividades y personas serán removidos. En muchos casos, la razón por la que son removidos es porque, en primer lugar, no fueron aprobados por Dios. Tenemos que entender esto para no sentirnos devastados cuando perdemos a alguien que era muy cercano a nosotros, cuando nos decepcionan o incluso nos traicionan personas a quienes les teníamos afecto y confianza. (Vea 1 Corintios 3:11–15). Debemos reconocer que Dios está corrigiendo el rumbo de nuestras vidas, con el fin de que podamos cumplir Sus propósitos para nosotros.

CUANDO DIOS SACUDE UNA RELACIÓN, DESCUBRIMOS SOBRE QUÉ ESTÁ CONSTRUIDA.

Cuando experimentamos un sacudimiento, es el momento de ser honestos y transparentes ante Dios, porque, lo que sea que estemos tratando de ocultar, Él lo expondrá y revelará, muchas veces públicamente. Cuando algo que hemos tratado de ocultar es revelado, no tenemos otra opción que enfrentarnos a ello *"porque nuestro Dios es fuego consumidor"* (Hebreos 12:29). Si no nos arrepentimos vendrá el juicio: *"Porque no hay nada oculto que no haya de ser manifestado; ni escondido, que no haya de salir a luz"* (Marcos 4:22). En el libro de Daniel leemos: "*Él* [Dios] *revela lo profundo y lo escondido; conoce lo que está en tinieblas, y con él mora la luz*" (Daniel 2:22).

PARA PRODUCIR CAMBIOS

Dios está trabajando continuamente para hacer cambios positivos en nuestras vidas, y ese es el objetivo de todo sacudimiento, incluyendo el que estamos experimentando ahora, personal, local, nacional y global. El cambio es constante porque todo en el mundo inevitablemente cambia. Nada está tan garantizado como el cambio mismo; vemos este principio en el mundo natural sobre la tierra, en el universo y en la vida del espíritu. Jesús murió en la cruz para producir dentro de nosotros cambios que nos acerquen al Padre. Por lo tanto, el sacudimiento es parte de la naturaleza misma de nuestra existencia, y así debemos aceptarlo. Una vez más, la gente teme al sacudimiento porque no conoce su propósito; ellos creen que los destruirá, sin darse cuenta que es enviado para transformarlos. Todos los sacudimientos enviados por Dios tienen por objeto permitirnos avanzar en el desarrollo del carácter de Cristo, incluida la cualidad de la santidad. Por consiguiente, el sacudimiento es para nuestro propio beneficio. Debemos dejar de lado toda idea que resiste el sacudimiento y permitir que Dios nos moldee, porque *"sabemos que a los que aman a Dios, todas las cosas les ayudan a bien, esto es, a los que conforme a su propósito son llamados"* (Romanos 8:28).

PARA DESATAR BENDICIONES

Lo reto a que me muestre una persona en la Biblia que haya sido verdaderamente bendecida por Dios, sin antes haber pasado por algún tipo de sacudimiento. Le garantizo que no encontrará una. Por ejemplo, pensemos en David. En medio de un sacudimiento personal, observó: *"Mientras callé, se envejecieron mis huesos en mi gemir todo el día. Porque de día y de noche se agravó sobre mí tu mano"* (Salmos 32:3–4). Más tarde, David escribió: *"Cercano está Jehová a los quebrantados de corazón; y salva a los contritos de espíritu. Muchas son las aflicciones del justo, pero de todas ellas le librará Jehová"* (Salmos 34:18–19). Cuando nos negamos a ceder al proceso de ser sacudidos, también rechazamos la bendición de dejarnos cambiar por Dios. Si reconocemos lo que, específicamente, Dios quiere transformar en nuestras vidas, y si identificamos lo que Él quiere eliminar, haremos espacio para lo nuevo y lo verdadero que Él quiere traernos. Pero, de nuevo, recibir la bendición del sacudimiento depende de la forma cómo obedezcamos y nos entreguemos a Dios en medio de ella.

PARA SOBREVIVIR AL SACUDIMIENTO, DEBEMOS SER OBEDIENTES.

PARA EXPONER LO QUE NOS INQUIETA

Amado lector, ¿qué situaciones perturban su paz o lo sacan de una sensación de seguridad? ¿Está abatido por problemas financieros? ¿Se derrumba emocionalmente durante las crisis de la vida? ¿Se alarma por los huracanes u otras tormentas físicas? ¿Está desorientado por el abandono, el engaño, la traición o el rechazo de sus compañeros, amigos, o de su propia familia? Esos sacudimientos nos revelan en qué o en quién realmente estamos confiando. ¿Confía en sus ahorros? ¿Confía en sus recursos materiales? ¿Confía en su capacidad para proveer para su familia? Dios usa los sacudimientos para ayudarnos a reconocer que, en todo momento, necesitamos poner nuestra confianza en Él. Todos necesitamos reconocer en qué áreas confiamos más. Acaso confiamos más en nuestras propias fuerzas o en algo del mundo físico, en lugar de confiar en Dios. El Señor está guiando a Su iglesia para que dependa de Él como su fuente más importante en *todo*.

En Daniel 3 leemos acerca de tres jóvenes hebreos que, habiendo sido llevados cautivos a Babilonia, fueron probados durante una gran crisis. Reclutados para trabajar en el palacio del rey Nabucodonosor, Sadrac, Mesac y Abednego se encontraron en una situación que sacudió su fe y puso a prueba su dependencia de Dios. Fueron desafiados a adorar a un dios babilónico moldeado en oro, a lo que ellos se negaron. Como castigo, el rey ordenó que fueran arrojados a un horno ardiendo en llamas.

Los tres jóvenes no se dejaron intimidar por la amenaza de morir en el fuego porque su fe estaba puesta plenamente en Dios, y nada les haría negar Su nombre o adorar a otro dios. Ellos dijeron: "*He aquí nuestro Dios a quien servimos puede librarnos del horno de fuego ardiendo; y de tu mano, oh rey, nos librará. Y si no, sepas, oh rey, que no serviremos a tus dioses, ni tampoco adoraremos la estatua que has levantado*" (Daniel 3:17–18). ¿Qué pasó? Aunque Sadrac, Mesac y Abednego fueron atados y arrojados al fuego, caminaron en medio de las llamas sin sufrir daños porque Jesús, en forma preencarnada, estaba con ellos. El rey dijo: "*He aquí yo veo cuatro varones sueltos, que se pasean en medio del fuego sin sufrir ningún daño; y el aspecto del cuarto es semejante a hijo de los dioses*" (versículo 25). Los propios hombres del rey que habían arrojado a Sadrac, Mesac y Abednego al horno habían muerto debido a la intensidad de las llamas; sin embargo, los hijos del Dios viviente estaban sobrenaturalmente protegidos y salieron ilesos del horno.

"Ni aun el cabello de sus cabezas se había quemado; sus ropas estaban intactas, y ni siquiera olor de fuego tenían" (versículo 27). ¡Gloria a Dios por el sacudimiento que purifica nuestra fe!

PARA REVELAR AL REMANENTE

En uno de los salmos proféticos de David acerca de Jesús, leemos: *"A Jehová he puesto siempre delante de mí; porque está a mi diestra, no seré conmovido"* (Salmos 16:8). Si alguien fue sacudido durante su vida en la tierra, ese fue Jesús. Su mayor y último sacudimiento ocurrió cuando fue llevado al infierno mismo después de morir cruelmente en la cruz por nuestros pecados. Pero Él sabía que Dios no lo dejaría allí, como dice el Salmo 16:10: *"Porque no dejarás mi alma en el Seol, ni permitirás que tu santo vea corrupción"*. Saber que Jesús soportó y atravesó sacudimientos en su vida terrenal, también nos empodera para pasar por sacudimientos, siempre y cuando sigamos siendo Su remanente fiel.

Una vez más, lo que creemos, lo que hacemos y cómo actuamos en tiempos de sacudimiento revela quiénes somos en nuestro ser interior. ¿Somos parte del remanente? ¿Somos de los que no dejan de confiar en Dios y de adorarlo, incluso bajo la presión de la crisis, el miedo, la enfermedad u otra forma de sacudimiento? ¿O somos nosotros los que, frente a la prueba que viene con el sacudimiento, nos alejamos de Dios y permitimos que nuestra fe se desmorone? Aunque usted no lo crea, el mundo está observando cómo actuamos durante estos últimos tiempos sin precedentes. Todas las miradas están sobre nosotros. ¿Será usted parte de los que temen o de los que creen? Como en la historia de los tres jóvenes que desafiaron al rey de Babilonia, cuando ponemos a Dios por encima de todo, Él camina con nosotros en medio de la prueba de fuego. El remanente incluye a aquellos que pasan a través del fuego y no se queman; más bien, experimentan la presencia de Dios a su lado, lo que evita que el sacudimiento los destruya.

EL FUEGO DEL SACUDIMIENTO REVELA AL REMANENTE QUE PERMANECE FIEL A SU DIOS.

PARA REVELAR SU GLORIA

Cada vez que se produce un sacudimiento, su propósito específico es revelar la gloria de Dios en los últimos tiempos, porque Dios está llamando a Su remanente para que sean portadores de Su gloria en el avivamiento de los últimos días. El apóstol Pablo, quien sufrió toda clase de persecuciones y sacudimientos en su vida como cristiano, escribió en su carta a los creyentes de Corinto: "*Porque esta leve tribulación momentánea produce en nosotros un cada vez más excelente y eterno peso de gloria*" (2 Corintios 4:17). Creo que Pablo recordaba estas palabras del profeta Hageo: "*La gloria postrera de esta casa será mayor que la primera, ha dicho Jehová de los ejércitos; y daré paz en este lugar, dice Jehová de los ejércitos*" (Hageo 2:9). Dios está permitiendo el sacudimiento de hoy con el propósito de mostrarnos Su gloria, porque la gloria primera y la postrera se manifestarán juntas en estos tiempos finales.

PARA REVELAR LO DE DIOS

Como escribí antes, todo que no fue iniciado o establecido por Dios en la tierra será sacudido. Por ejemplo, los matrimonios que fueron iniciados por conveniencia, emoción o razones egoístas, en lugar de estar de acuerdo con la voluntad de Dios, serán sacudidos. Si este es su caso, busque a Dios junto con su cónyuge a fin de restaurar su matrimonio y tener un comienzo fresco en el Señor. Haga todo lo que pueda de su parte, y confíe el resto al Señor. Los ministros y otros líderes, incluso los ministerios y organizaciones religiosas, que fueron establecidos por el hombre y no por Dios, también serán sacudidos, porque: "*No todo el que me dice: Señor, Señor, entrará en el reino de los cielos, sino el que hace la voluntad de mi Padre que está en los cielos*" (Mateo 7:21). Si usted o su ministerio han sido sacudidos de esta manera, arrepiéntase, busque a Dios en oración y ayuno, y encuentre Su voluntad para que pueda servirle de nuevo bajo la dirección del Espíritu. Todo lo que fue establecido por medios naturales será eliminado; solo permanecerá lo que fue establecido por la voluntad de Dios a través de medios sobrenaturales. Dios está buscando la autenticidad. "*El justo no será removido jamás; pero los impíos no habitarán la tierra*" (Proverbios 10:30).

PARA PROBAR NUESTRA FE

Piense en un sacudimiento por el que haya atravesado en su vida personal. Una vez que pasó, ¿siguió creyendo en Dios? Más aún, ¿fue fortalecido en su fe? (Vea Romanos 3:3–4). Los sacudimientos nos traen de regreso a la realidad de nuestro autoengaño, orgullo e incredulidad, y nos muestran lo que *realmente* creemos. Compruebe su fe: ¿todavía confía en el Dios eterno? Asegúrese de que su fe en el Señor no ha decaído. ¡Es un tiempo peligroso para dejar de creer en Él! Gracias a Dios que el sacudimiento en este mundo pone de manifiesto la condición de nuestra fe y nos da la oportunidad de arrepentirnos y volver a creer. Además, como ya he dicho antes, Dios está sacudiendo a algunas personas que no creen en Él para que aún puedan tener la oportunidad de arrepentirse y ser salvos. "*Bienaventurado el varón que soporta la tentación; porque cuando haya resistido la prueba, recibirá la corona de vida, que Dios ha prometido a los que le aman*" (Santiago 1:12).

¿CUÁL ES EL PROPÓSITO DE DIOS?

Todo lo que Dios hace en la tierra tiene un propósito relacionado con Su plan de salvación para la humanidad. Él no hace nada al azar o por capricho, egoísmo o conveniencia propia. Dios siempre está pensando en nosotros, Sus amados hijos. Esa es la razón por la que, como hemos analizado en este capítulo, es vital entender el propósito del sacudimiento que el mundo está experimentando hoy en día. De nuevo, si no somos conscientes del propósito de Dios en medio de todo esto, corremos el peligro de caer en la mentira de que Dios nos ha abandonado o que nos está castigando excesivamente.

Por lo tanto, en medio de la confusión por la que está pasando, busque entender los propósitos específicos que Dios tiene para usted. Tal vez Él quiera revelarle la condición de su corazón, o el nivel de su fe, a fin de que pueda entender qué realmente lo motiva en la vida. Quizás Él quiere hacerle ver que usted ya no forma parte del remanente de los últimos tiempos, para que pueda realinearse con Él y Sus caminos. Posiblemente quiere revelarle ciertos aspectos de Su propia naturaleza, por ejemplo, que Él es su Proveedor, su Sustentador o su Sanador. O acaso quiere hacer un cambio en particular; o desatar bendición para su vida, a medida que revela

Su gloria a través de usted. Si verdaderamente conocemos el propósito de Dios, en medio del sacudimiento no nos amargaremos ni perderemos la fe; antes bien, como los tres jóvenes amigos de Daniel cuando estaban en el horno ardiente, caminaremos con Jesús, y las llamas no nos tocarán. Saldremos adelante con nuestra fe más fuerte que nunca y formaremos parte de ese poderoso remanente, esa novia gloriosa por la que Jesús viene. Oremos juntos:

> Amado Padre celestial, te doy gracias por revelarme los propósitos de los sacudimientos que han llegado a mi vida, familia, negocios, sociedad y al mundo. Te pido que perdones todas mis fallas y pecados con los cuales Te he ofendido. Me arrepiento por haberme aferrado a lugares, personas, cosas y a maneras de pensar o de actuar que no te agradan, o que no fueron puestas en mi vida por Ti. Revélame lo que hay en mi corazón, muéstrame el verdadero lugar que Tú ocupas en mi vida, muéstrame el real estado de mi fe, y pon a prueba todas esas áreas para que pueda ser refinado y purificado en Ti.
>
> Hoy tomo la decisión de soltar todo lo que no proviene de Ti y me dejo cambiar por Tu mano. Renuncio a mi antigua manera de pensar y cedo mi voluntad a la Tuya para que mi mente, mi corazón y toda mi vida sean transformados. Declaro Tu gloria, Tu bendición y Tu fe para este último tiempo, en mi vida, familia, trabajo, ministerio y sociedad. En medio del caos y las tinieblas de este mundo, que yo pueda ser la luz que lleve a otros a creer en Ti y a seguirte de todo corazón. En el nombre de Jesús, amén.

TESTIMONIOS DE LOS ÚLTIMOS TIEMPOS

Carlos Santos, de Brasil, había experimentado varios trastornos en su vida sin comprender el propósito de estos. Cuando vino al Ministerio El Rey Jesús, Dios sanó su corazón, y aprendió a obedecer al Señor sin cuestionar, a ver los propósitos de Dios para su vida. Ahora, él está creciendo en su conocimiento del Padre, sirve al Reino con revelación y está viendo la gloria de Dios en sus finanzas y relaciones durante estos últimos tiempos.

Llegué a la fe en Jesús hace unos veinte años, cuando estaba en mis treintas. Las situaciones de la vida me habían llevado a tocar fondo, y oré al Señor y le pedí una vida de acuerdo con Su voluntad. En un periodo de casi cinco años estuve involucrado en cuatro ministerios diferentes antes de llegar al Ministerio El Rey Jesús. Aquí, tuve un encuentro muy poderoso con Dios. Había sido muy herido en el pasado. Muchas personas, en ministerios anteriores, me habían fallado, pero Dios sanó aquí mi corazón, y pude volver a comprometerme con Él y servirle. Me quedé en el Ministerio El Rey Jesús y comencé a crecer y dar fruto para Dios.

En 2013, estuve a punto de perder mi casa, ya que tenía una deuda de 500,000 dólares por una casa que valía la mitad de esa suma. El banco quería darme la oportunidad de refinanciar, pero el costo de la aplicación era de 1,000 dólares. Mientras oraba, sentí que el Espíritu Santo me decía: "No quiero que pagues ese dinero al banco. Quiero que lo siembres en CAP". Dudando en hacerlo, consulté con mi esposa y ella me dijo: "Dios te pide cosas que te cuestan porque esa es tu área débil. Obedece para que puedas ser libre". Así que, obedecí y sembré los 1,000 dólares. ¡Después de CAP, mi deuda de 500,000 dólares fue perdonada! Dios me liberó espiritual y financieramente. A veces, los sacudimientos vienen para que soltemos aquello a lo que nos aferramos y podamos recibir lo verdadero de Dios.

La provisión de Dios no terminó ahí. Solía trabajar en un bufete de abogados, pero estaba frustrado porque vivía de cheque en cheque. Mi padre me había invitado a trabajar con él y luego hacerme cargo de su negocio cuando se jubilara, pero yo tenía una mala relación con él. Había sido muy herido por él, y guardaba mucho resentimiento y falta de perdón. No es fácil desprenderse de ese dolor emocional. Sin embargo, el Espíritu Santo me confrontó diciendo: "¿Cómo te sentirías si quisieras darle algo a tu hijo y él lo rechazara? Estás esperando que tu padre muera para poder hacerte cargo de su negocio. ¿Es eso lo que brota de ti como cristiano?" Eso me ayudó a dar el paso de fe y perdonar a mi padre. Llevo ya tres años trabajando con él y ha sido maravilloso. ¡Estoy ganando mucho más dinero que antes! Además, puedo ser de ayuda, estar cerca de mi padre y ser testigo.

Cierto tiempo después, el Espíritu Santo puso en mí la idea de ganar un salario de seis cifras. En el mundo, había hecho muchas inversiones y lo había perdido todo. Pero el Señor me dijo: "Dame una oportunidad. Invierte en Mi reino". Sentí que Dios me estaba asegurando una ganancia, porque Dios nunca miente. Así que obedecí una vez más y sembré una gran suma en CAP 2019. Entonces, el Espíritu Santo me llevó a sembrar como si ya estuviera ganando seis figuras. ¡Estamos hablando de 100,000 dólares o más! Acepté y sembré, confiando en que Dios da al que siembra. Ahora puedo decir que finalmente he entrado en ese nivel de seis cifras de ingresos, que se produjo de forma sobrenatural. En medio de la pandemia de 2020, sigo creciendo. ¡Nunca he sido tan bendecido como lo soy en este momento! La economía de Dios no depende de las condiciones naturales. Con o sin pandemia, esto es sobrenatural, supera la comprensión humana. Hoy, estoy muy feliz. Estoy agradecido con el Señor y con el Ministerio El Rey Jesús, con el Apóstol Maldonado, su familia y su liderazgo.

CAPÍTULO 5

EL JUICIO DE DIOS

Como expliqué en capítulos anteriores, el sacudimiento a escala global de las naciones, la iglesia, la economía y muchos otros ámbitos de la vida dan testimonio de la era que estamos viviendo: la era de los últimos tiempos. A nuestro alrededor estamos viendo manifestaciones de los últimos días que nos hacen recordar el juicio de las plagas que Dios envió a los egipcios cuando Faraón se negó obstinadamente a liberar a los hebreos de la esclavitud en Egipto. Una vez más, los investigadores, científicos y analistas pueden describir algunos aspectos de la agitación mundial, y pueden dar ciertas explicaciones sobre estos eventos; pero no pueden anticipar sustancialmente lo que está por venir al mundo, especialmente en el camino del juicio de Dios.

Los fieles profetas de Dios en el Antiguo Testamento siempre hablaban lo que Él les ordenaba. No retuvieron el mensaje, ni lo cambiaron, ni lo diluyeron. Recuerde que Hageo profetizó: "*Porque así dice Jehová de los ejércitos: De aquí a poco yo haré temblar los cielos y la tierra, el mar y la tierra seca; y haré temblar a todas las naciones, y vendrá el Deseado de todas las naciones; y llenaré de gloria esta casa, ha dicho Jehová de los ejércitos*" (Hageo 2:6–7). E Isaías predijo: "*Por Jehová de los ejércitos serás visitada con truenos, con terremotos y con gran ruido, con torbellino y tempestad, y llama de fuego consumidor*" (Isaías 29:6). Actualmente vemos cómo los medios de comunicación del mundo informan sobre desastres naturales que demuestran que esas profecías se están cumpliendo hasta el día de hoy, a menudo con una fuerza abrumadora, en forma de ciclones, huracanes, tornados, maremotos, devastadores incendios forestales, inundaciones, sequías, plagas de insectos, enfermedades virales y mucho más.

Estos son los tiempos de los que hablaron los profetas de la antigüedad y que hoy continúan anunciando los apóstoles y profetas de Dios de los últimos días. El tiempo del juicio de Dios ha llegado, y es deber de los apóstoles y profetas llevar a la iglesia de Cristo a través de estos sacudimientos, para que los creyentes puedan ser purificados, edificados en su fe y preparados para la venida de Cristo. Jesús dijo: *"Pero cuando venga el Hijo del Hombre, ¿hallará fe en la tierra?"* (Lucas 18:8).

Al mismo tiempo, debemos proclamar al mundo la necesidad del arrepentimiento de pecados, y presentar a Cristo como el único Salvador. Desafortunadamente, muy pocos apóstoles y profetas están siendo la voz de Dios que la gente necesita oír en esta hora. Tienen la vocación para ello, pero no están cumpliendo su comisión. Además, los apóstoles que tienen influencia global son pocos o, en algunos casos, no están ejerciendo su influencia debidamente. Se limitan a ser pastores de sus iglesias y comunidades, en lugar de ser la voz de Dios para un mundo que está en gran necesidad. ¡Jesús regresará pronto!

Durante varios años, junto a otros apóstoles y profetas que siguen de cerca el llamado de Dios, he venido hablando acerca de las señales de los últimos tiempos, el sacudimiento, el avivamiento y la venida del Señor. Dios ha revelado que soy uno de los apóstoles de los últimos tiempos con la estatura espiritual para ser Su voz en el ahora. No tomo livianamente este llamado, sino que siento una gran responsabilidad al cumplirlo. Siento el llamado de Isaías cuando dijo: *"Clama a voz en cuello, no te detengas; alza tu voz como trompeta, y anuncia a mi pueblo su rebelión, y a la casa de Jacob su pecado"* (Isaías 58:1).

Más creyentes estarían fundamentados en Jesús, la Roca, y no se verían abrumados por los sacudimientos, si más apóstoles y profetas se centraran en enseñarles la verdad sobre nuestros tiempos. Limitarse a darle a la gente un mensaje de ánimo no necesariamente fortalecerá su fe; pero darles un mensaje de verdad los edificará. Por eso, en tiempos de incertidumbre, no podemos recurrir a predicar acerca de perspectivas y hechos mundanos. Por el contrario, debemos proclamar la verdad eterna de Dios. Los hechos pueden variar en cualquier momento; pero la verdad en Cristo nunca cambia porque es absoluta y produce convicción, salvación, fe, esperanza, alegría, paz y mucho más en los corazones de las personas a través del Espíritu. Necesitamos tener un sentido de urgencia en nuestro tiempo, y volver al temor de Dios. Una vez más, no estamos llamados a predicar sobre mera información o temas populares. La gente necesita escuchar la verdad de lo que está sucediendo en el mundo actual, y por qué ocurre. Este es el mensaje que mantendrá a la iglesia de Jesucristo en alerta roja durante estos últimos tiempos.

LA VERDAD ES UNA PERSONA. JESÚS ES EL CAMINO, LA VERDAD Y LA VIDA, Y SU ESPÍRITU NOS REVELA ESTE CAMINO, VERDAD Y VIDA.

SEÑALES DEL JUICIO

He escrito este libro para ayudar a la gente a saber que Dios está usando el sacudimiento de los últimos tiempos para implementar Sus planes, propósitos y estrategias en la tierra, así como para separar a los miembros del remanente por el que viene Jesús, de aquellos que permanecerán en la tierra durante la gran tribulación. Una vez más, debemos reconocer que Dios está detrás del sacudimiento. Sin estos sacudimientos, no podríamos identificar claramente Su mano de advertencia y juicio actuando en la tierra en los últimos días. Como he señalado, este sacudimiento fue anunciado por las Escrituras hace miles de años. Esto trae gloria al nombre de Dios porque el Señor está orquestando todo para alinearlo con Su voluntad. Las formas de sacudimiento que estamos experimentando actualmente son señales —realidades visibles— que apuntan al regreso de Jesucristo. Ninguna señal de advertencia celestial es invisible o sutil. Debe ser visible para que no pueda ser negada. Y, cuanto más nos acerquemos a la venida del Señor, más fuertes e intensas serán estas señales.

Antes escribí que el coronavirus —ya sea producido por el hombre o de origen animal— es una señal de los últimos tiempos. Dios sabe de antemano lo que el hombre hará, así que Él permitió que esto sucediera. Dada su naturaleza global tiene un significado profético, y sus efectos están estrechamente relacionados con el juicio de Dios a las naciones. Este virus es una epidemia infecciosa, devastadora y mortal que ha afectado a más de 180 países. Se han confirmado casos en casi todas las naciones del mundo y, en un momento determinado, el mundo entero quedó prácticamente encerrado en cuarentena. Esto es lo que la Biblia llama una plaga o una pestilencia. En Mateo 24 vemos que todas estas plagas que estamos experimentando son juicios de Dios que apuntan a otros eventos en la cronología de los últimos días: *"Y habrá pestes, y hambres, y terremotos en diferentes lugares. Y todo esto será principio de dolores"* (Mateo 24:7–8). Estos forman parte del sacudimiento de los últimos tiempos y del juicio que nos está conduciendo al período de tribulación. (Vea los versículos 9–31).

TODOS LOS SACUDIMIENTOS DE LOS ÚLTIMOS TIEMPOS ESTÁN RELACIONADOS CON LAS SEÑALES DE LOS ÚLTIMOS DÍAS, EL JUICIO Y LA GLORIA DE DIOS.

Cuando vemos una plaga que comienza durante el tiempo de la fiesta de Pascua, podemos estar seguros de que es una señal muy importante de Dios. El coronavirus explotó en todo el mundo justo a tiempo para la fiesta de Pascua. Si miramos hacia atrás, la onda expansiva de esta plaga actual ocurrió entre marzo y abril de 2020. La Pascua fue del 8 al 16 de abril. En marzo de 2020, el primer ministro de Israel, Benjamín Netanyahu, "describió la pandemia como 'un incidente global y nacional como nunca ha conocido Israel'". También dijo que "la pandemia podría convertirse en la peor amenaza para la humanidad desde la Edad Media; afirmó que incluso los científicos estaban orando al Creador en busca de inspiración y salvación".[27]

27. "Si se reinfectara, el virus podría 'acabar con la humanidad', habría advertido Netanyahu a los diputados", *Times of Israel*, 8 de mayo de 2020, https://www.timesofisrael.com/if-it-reinfects-virus-could-end-humanity-netanyahu-reportedly-warned-mks/.

En la antigüedad, la Pascua es la única fiesta que celebra un escape. En los últimos tiempos, la Pascua está vinculada al rapto de la iglesia. "*Velad, pues, en todo tiempo orando que seáis tenidos por dignos de escapar de todas estas cosas que vendrán, y de estar en pie delante del Hijo del Hombre*" (Lucas 21:36).

A medida que la plaga del coronavirus continuó alcanzando proporciones globales en 2020–2021, vimos el juicio de Dios sobre la economía mundial. Los mercados internacionales fueron golpeados debido a los efectos de la pandemia. Muchos negocios se vieron obligados a cerrar, y algunas industrias puede que nunca vuelvan a ser las mismas. Sin embargo, aún más que esto, la crisis económica ha abierto las puertas a un evento apocalíptico. Ha comenzado a preparar el camino para el desarrollo de la economía de la bestia, o el anticristo, profetizado en la Biblia. El espíritu del anticristo está estableciendo un orden mundial y preparando el camino para el gobierno absoluto de la bestia. Llegará el momento en que los bienes serán severamente racionados. "*Y oí una voz en medio de las cuatro criaturas vivientes diciendo: 'Y oí una voz de en medio de los cuatro seres vivientes, que decía: Dos libras de trigo por un denario, y seis libras de cebada por un denario; pero no dañes el aceite ni el vino*'" (Apocalipsis 6:6). La gente no podrá comprar o vender a menos que tengan la marca de la bestia. (Vea Apocalipsis 13:16–17).

Si todas estas señales no lo llevan a creer que estamos en los últimos tiempos y que Cristo viene pronto, no sé qué lo hará creer. Jesús dijo que cuando veamos estas señales estaremos a punto de recibir nuestra redención: "*Cuando estas cosas comiencen a suceder, erguíos y levantad vuestra cabeza, porque vuestra redención está cerca*" (Lucas 21:28). Como he señalado, hay apóstoles, profetas, pastores y otros líderes cristianos en la iglesia global que no reconocen la realidad de la aparición de Jesús, o prefieren no reconocerla. En su lugar, continúan predicando solo lo que la gente quiere oír, no lo que Dios quiere decirles. ¡No reconocen el regreso de Jesús ni preparan a la iglesia para Su venida!

¿DIOS DE AMOR O DE JUICIO?

Dios es un Dios de amor; pero también es un Dios que juzga los actos de maldad. A través de Su juicio, hoy está llamando al arrepentimiento a un mundo que lo ha rechazado.

> *Mas sabemos que el juicio de Dios contra los que practican tales cosas* [actos de injusticia y perversidad] *es según la verdad. ¿Y piensas esto, oh hombre, tú que juzgas a los que tal hacen, y haces lo mismo, que tú escaparás del juicio de Dios? ¿O menosprecias las riquezas de su benignidad, paciencia y longanimidad, ignorando que su benignidad* [*"su bondad"* NVI] *te guía al arrepentimiento?* (Romanos 2:2–4)

En diversos pasajes de Su Palabra, Dios expresa que tanto el amor como la justicia están interconectados. (Vea, por ejemplo, Miqueas 6:8; Romanos 3:25–26). En el pasaje de Romanos 2 vemos que, aunque Dios es amor, esto no significa que Él quiera que dejemos de arrepentirnos de nuestros pecados, iniquidades y rebeldías. La falta de arrepentimiento trae juicio. Pablo dice que la benignidad o la bondad de Dios nos lleva al arrepentimiento, y esto es lo que nos permite evitar Su juicio. Quien no se arrepiente no puede evitar el juicio de Dios.

TODO LO QUE ES PECADO Y NO SE AJUSTA A LA JUSTICIA DE DIOS SERÁ JUZGADO.

¿Cree que Dios es un Dios de juicio y también de amor? Algunos líderes cristianos están animando a la gente a creer una mentira diciéndoles que no hay juicio. Afirman que debido a que Dios es amor, no necesitamos arrepentirnos ni cambiar nuestras vidas. Su amor es todo lo que importa, por lo que todo estará bien, sin importar lo que hagamos. Tales líderes usan sus oficinas para decir lo contrario de lo que el Espíritu está hablando hoy, y guían a la gente al infierno en lugar de guiarlos a la salvación y la restauración. Dios ciertamente removerá a estos líderes de sus posiciones, y tendrán que sufrir el juicio del último tiempo.

Una cosa es animar a la gente, y no hay nada malo en ello, pero otra cosa es decirles que no tienen que arrepentirse. La mayoría de las veces la gente no quiere reconocer su pecado ante Dios. La humanidad se ha vuelto insensible ante el mal; los corazones de las personas se han endurecido. Como raza, los seres humanos están corrompidos en mente, corazón y cuerpo. Y el sacudimiento de los últimos tiempos da testimonio de la corrupción generalizada y creciente de la humanidad en la actualidad.

Cuando las personas creen que Dios es solo un Dios de amor, no creen en Su juicio. Saben y entienden tan poco acerca de Dios que si ven o experimentan Su juicio, argumentan siempre: "¿Como puede un Dios de amor permitir que estas atrocidades sucedan?" Comienzan a dudar del amor de Dios. No entienden que Él ejecuta Su juicio debido a Su amor y carácter de Rey justo, ya que conciben el amor solo como complacencia y permisividad. Esto es principalmente culpa de los líderes de la iglesia, porque muchos predicadores han comprometido el mensaje de la cruz con el fin de llenar los asientos en sus iglesias. Jesús nos llama a arrepentirnos de nuestros pecados, morir a nosotros mismos, y cambiar nuestras formas erradas de vivir. Cuando Cristo ascendió al cielo después de Su resurrección, nos envió al Espíritu Santo para hacer la obra de convicción y transformación en nuestras vidas. Él les había prometido este Espíritu a Sus discípulos, diciendo: "*Y cuando él venga, convencerá al mundo de pecado, de justicia y de juicio. [...] Pero cuando venga el Espíritu de verdad, él os guiará a toda la verdad; porque no hablará por su propia cuenta, sino que hablará todo lo que oyere, y os hará saber las cosas que habrán de venir*" (Juan 16:8, 13).

Ser juez es uno de los atributos de Dios, tanto es así que Juez es uno de Sus títulos. Él es el Dios de juicio, rectitud y justicia, así como de misericordia. "*Justicia y juicio son el cimiento de tu trono; misericordia y verdad van delante de tu rostro*" (Salmos 89:14). Dios siempre prefiere la misericordia; pero la persistente rebeldía y desobediencia de la humanidad provoca Su juicio. El juicio de Dios llega a la humanidad cuando Su gracia —el margen de tiempo y espacio para que los seres humanos se arrepientan— ha sido levantada, y el hombre ha endurecido su corazón.

DEBEMOS APARTARNOS DEL PECADO PARA NO SER JUZGADOS POR ÉL.

Jesús fue designado por el Padre para ser Salvador y Juez, pues el que salva también juzga. Él opera en ambas oficinas porque cada una representa un aspecto de Su amor eterno por nosotros. "*Y nos mandó que predicásemos al pueblo, y testificásemos que él es el que Dios ha puesto por Juez de vivos y muertos. De éste dan testimonio todos los profetas, que todos los que en él creyeren, recibirán perdón de pecados por su nombre*" (Hechos 10:42–43). Debemos reconocer plenamente que Dios perdona todos los pecados; pero también juzga la maldad cuando no hay arrepentimiento.

CAUSAS DE JUICIO EN EL MUNDO

¿Qué ha hecho la humanidad para desatar el juicio de Dios? ¿Por qué un Dios compasivo juzgaría a alguien que ama? Estas son preguntas que las personas hacen cuando no entienden la naturaleza de Dios como Salvador y Juez. Recuerde que la razón por la que Dios juzga al mundo es la acumulación de iniquidad y pecado que la humanidad en su conjunto ha cometido en rebeldía contra Él. Como vimos anteriormente, en el cielo, la iniquidad se acumula, como cuando se vierte líquido en un vaso hasta que se llena por completo, entonces Dios actúa. (Vea Génesis 15:16; Apocalipsis 16:19). Examinamos también cómo las personas están cometiendo las siguientes iniquidades, provocando el juicio de Dios sobre las naciones:

- Albergar continuamente malos pensamientos y deseos
- Derramar sangre inocente y cometer otros actos de violencia
- Tener carácter corrupto
- Ser moralmente perversos

Una vez más, como en el tiempo de Noé, gran parte de la humanidad actual está insensibilizada ante el pecado y la iniquidad. "*Y vio Jehová que la maldad de los hombres era mucha en la tierra, y que todo designio de los pensamientos del corazón de ellos era de continuo solamente el mal*" (Génesis 6:5). Hoy en día la copa de la iniquidad está completa, al igual que entonces. Dios pronto juzgará a los que continuamente han estado sembrando iniquidad, mentiras, engaño, corrupción, asesinato, derramamiento de sangre, orgullo, amor al dinero, amor a sí mismos, amor al placer y más.

Las señales de los últimos tiempos dan testimonio de la dureza de corazón de la humanidad. Si entendemos esto, podemos ver por qué las cosas están tan fuera de control en el mundo. Debido a que el corazón humano se ha endurecido, Dios está enviando juicios cada vez más severos.

Cuando la humanidad persiste en el pecado y no se arrepiente, el juicio se hace mayor. Antes, en este mismo capítulo, mencioné cómo el faraón de Egipto se negó obstinadamente a liberar al pueblo de Dios de la esclavitud. Endureció su corazón y rechazó las advertencias de Dios una y otra vez. "*Y el corazón de Faraón se endureció, y no los escuchó, como Jehová lo había dicho*" (Éxodo 7:13). Por lo tanto, Dios envió juicios cada vez más duros, pero el gobernante siguió negándose a arrepentirse, hasta que el juicio lo alcanzó personalmente y se llevó la vida de su hijo. Finalmente dejó ir al pueblo de Dios, pero, para entonces, ya era demasiado tarde. ¿Qué sentido tiene esperar a que el juicio nos destruya para luego arrepentirnos, sobre todo si vamos a tener que arrepentirnos de todos modos? No esperemos a que sea demasiado tarde para acceder a la salvación en Jesús.

Cuando los pecados e iniquidades de una persona, una nación o del mundo están ya maduros, Dios los expondrá públicamente. Esta es la razón por la que todos los países están bajo juicio en este momento; también es la razón por la que están saliendo a la luz tantos casos de corrupción, abuso sexual y malversación de fondos. Necesitamos llamar a la iglesia, a las naciones y al mundo al arrepentimiento. En una situación en la que Él está trayendo juicio, Dios habla de manera muy precisa porque el juicio es cuestión de vida o muerte. Esto significa que Dios ya no permitirá que sigamos con nuestros pecados. Eso puede parecer duro o extremo para algunas personas, pero Su intención es salvarnos de algo peor.

LOS JUICIOS DE DIOS

En la Biblia vemos juicios que ocurren a nivel regional, nacional y global. El juicio del tiempo de Noé fue global, al igual que el juicio de ahora, porque afectó a todas las personas del mundo, no solo a las que estaban en la vecindad de Noé. (Vea, por ejemplo, Génesis 7:4). El juicio sobre Judá que los llevó en cautiverio a Babilonia fue nacional. (Vea, por ejemplo, Esdras 5:12). El juicio sobre Sodoma y Gomorra, sin embargo, fue regional, se aplicaba únicamente a las personas que vivían en esas dos ciudades y sus alrededores. (Vea Génesis 19:1–26).

A lo largo de los siglos hemos visto diversos juicios regionales y nacionales. En los últimos tiempos, veremos juicios regionales (como incendios, terremotos, huracanes, explosiones, etc.), juicios nacionales (como problemas económicos e inestabilidad política) y juicios globales (como el coronavirus).

Hasta el momento, solo hemos experimentado juicios parciales o preliminares que dan a la gente una oportunidad más de arrepentirse. En estos últimos tiempos todas las cosas están siendo juzgadas con juicios parciales en forma de sacudimientos. La gente necesita volverse a Dios ahora porque habrá juicios finales, y están cerca. Cuando el juicio del último tiempo se lleve a cabo, no habrá vuelta atrás. Hoy usted tiene la oportunidad de cambiar su vida —dejar el orgullo, la mentira, la rebelión, la brujería, la inmoralidad sexual, u otra forma de pecado— ¡y correr hacia Jesús!

UNA ÚLTIMA OPCIÓN

En Su infinita paciencia, cuando Dios ha llamado repetidamente a los seres humanos al arrepentimiento, pero aún no responden, Él usa el juicio como última opción. Y resulta efectivo porque, como hemos visto, la gente a menudo busca a Dios cuando enfrenta una crisis. Por lo tanto, todo castigo tiene un propósito similar: hacer que las personas se examinen a sí mismas, reconozcan que han pecado, se arrepientan de sus pecados, reconozcan a Dios y busquen de continuo al Señor.

Por eso debemos tener mucho cuidado de no convertirnos en una iglesia que complace al buscador, accediendo a consolar a la gente sin decirles la verdad sobre su condición ante Dios por temor a ofenderlos. Cuando comprometemos la verdad, cuando cedemos a la demanda de tolerancia moral de la gente nos convertimos en una iglesia sin la cruz, sin la resurrección y sin poder, y nos arriesgamos a perder la presencia de Dios en nuestras congregaciones. Debemos volver al fuego del Espíritu Santo, porque será nuestra única arma eficaz contra el espíritu del anticristo que está avanzando contra la iglesia. Una vez más, esta es la promesa a la que debemos recurrir: *"Si se humillare mi pueblo, sobre el cual mi nombre es invocado, y oraren, y buscaren mi rostro, y se convirtieren de sus malos caminos; entonces yo oiré desde los cielos, y perdonaré sus pecados, y sanaré su tierra"* (2 Crónicas 7:14).

Reconozcamos plenamente la condición de la humanidad caída: los seres humanos son frágiles, débiles, indefensos, limitados e ignorantes de las cosas espirituales; necesitan desesperadamente la convicción y guía del Espíritu Santo para poder arrepentirse, recibir al Señor Jesús, ser llenos del Espíritu y ejercer el poder de Dios en la tierra. ¡Debemos clamar a Dios por Su ayuda!

DÓNDE COMIENZA EL JUICIO

Sin embargo, también debemos recordar que el juicio primero empieza por la casa de Dios. *"Porque es tiempo de que el juicio comience por la casa de Dios; y si primero comienza por nosotros, ¿cuál será el fin de aquellos que no obedecen al evangelio de Dios?"* (1 Pedro 4:17). Hay dos tipos de personas en la iglesia: el "trigo" y la "cizaña", o el remanente espiritualmente vivo y los cristianos espiritualmente dormidos. (Vea Mateo 13:24–30). Cuando Dios trae juicio sobre el mundo, siempre hay un remanente dentro de la iglesia que es preservado. El juicio sirve para separar la cizaña del trigo. Así es como Dios hace que la verdad se mantenga en la iglesia. El remanente siempre se mantiene en posición de justicia.

Esto es similar a lo que sucedió entre Israel y Egipto. Cuando Dios envió las plagas a Egipto, los hebreos fueron preservados, mientras que los egipcios —especialmente la élite de gobierno— recibieron el juicio de Dios. Hoy en día el sacudimiento de los últimos tiempos está juzgando a las naciones; pero Dios está preservando a los suyos en medio de todo esto, a fin de que estén preparados para la venida de Jesús. A través de todos estos sacudimientos debemos recordar que, para los hijos de Dios que lo aman y obedecen, el juicio es un proceso de purificación y disciplina, no de destrucción.

> *Hijo mío, no menosprecies la disciplina del Señor, ni desmayes cuando eres reprendido por él; porque el Señor al que ama, disciplina, y azota a todo el que recibe por hijo. Si soportáis la disciplina, Dios os trata como a hijos; porque ¿qué hijo es aquel a quien el padre no disciplina? Pero si se os deja sin disciplina, de la cual todos han sido participantes, entonces sois bastardos, y no hijos.* (Hebreos 12:5–8)

Así, Dios usa juicios parciales para corregir y reprender al remanente en preparación para la venida del Señor. De lo contrario, la novia de Cristo no estaría lista para el Novio, sino que se encontrará durmiendo. (Vea Mateo 25:1–13). A medida que vemos los juicios que vienen sobre las naciones necesitamos humillarnos en la presencia de Dios, y juzgarnos a nosotros mismos para evitar ser juzgados públicamente por Él. (Vea 1 Corintios 11:31). Pablo escribió: "*Cuando yo era niño, hablaba como niño, pensaba como niño, juzgaba como niño; más cuando ya fui hombre, dejé lo que era de niño*" (1 Corintios 13:11). No debemos permanecer inmaduros, pensando que podemos estar espiritualmente dormidos, o seguir pecando y que no ocurra nada en consecuencia. Cada remanente del pueblo de Dios mencionado en la Biblia siempre ha sido una señal para las naciones, una luz en las tinieblas. Debemos asumir nuestro papel como el remanente de los últimos días y estar constantemente alertas para servir como portadores de la gloria de Dios.

CUANDO DIOS JUZGA AL MUNDO ES PARA ARREPENTIMIENTO; PERO CUANDO JUZGA A LA IGLESIA, ES PARA CORREGIR Y DESARROLLAR SU CARÁCTER.

CAUSAS DEL JUICIO A LA IGLESIA

Sabemos que Dios está juzgando al mundo por sus malos pensamientos y deseos, por derramar sangre inocente y cometer otros actos de violencia, también por su carácter corrupto y perversión moral. Pero ¿por qué juzga a Su propia casa? Hemos visto que la razón no es para nuestra destrucción, sino para corrección y transformación. Sin embargo, la gente todavía puede preguntarse de qué necesita el pueblo de Dios arrepentirse, qué necesita corregir y cambiar. El libro de Apocalipsis incluye cartas del Señor Jesús a siete iglesias del primer siglo, que revelan los pecados y fallas particulares de cada una de ellas. (Vea Apocalipsis 2–3). Estos pecados y fallas están tan presentes en la iglesia contemporánea como lo estaban entonces. Repasemos varios de ellos mientras revisamos la condición de nuestros corazones hacia el Señor.

TIBIEZA CON CEGUERA ESPIRITUAL

Y escribe al ángel de la iglesia en Laodicea: He aquí el Amén, el testigo fiel y verdadero, el principio de la creación de Dios, dice esto: Yo

> *conozco tus obras,* ***que ni eres frío ni caliente.*** *¡Ojalá fueses frío o caliente! Pero por cuanto eres tibio, y no frío ni caliente, te vomitaré de mi boca. Porque tú dices: Yo soy rico, y me he enriquecido, y de ninguna cosa tengo necesidad; y no sabes que* ***tú eres un desventurado, miserable, pobre, ciego y desnudo.*** *Por tanto, yo te aconsejo que de mí compres oro refinado en fuego, para que seas rico, y vestiduras blancas para vestirte, y que no se descubra la vergüenza de tu desnudez; y unge tus ojos con colirio, para que veas. Yo reprendo y castigo a todos los que amo; sé, pues, celoso, y arrepiéntete.* (Apocalipsis 3:14–19)

El gran pecado de la iglesia hoy en día es la tibieza con ceguera espiritual. Las siguientes son algunas características de esa porción de la iglesia del último tiempo que aún no forma parte del remanente: es artificial, pasiva, dormida, casual, sin espíritu, sin sangre y sin compromiso; compromete la verdad; acepta el pecado; evita a toda costa ser ofensiva o herir la sensibilidad de las personas; complace los deseos carnales de la gente; carece de la presencia de Dios; está desprovista del poder de Dios; ignora el temor del Señor; es políticamente correcta; se centra en el entretenimiento; niega la obra del Espíritu Santo y la realidad de lo sobrenatural; y diluye el evangelio. Si la gente no se arrepiente de estas transgresiones, veremos muchas congregaciones desaparecer después de este sacudimiento.

Creo en la Palabra de Dios. Creo que hay un cielo y un infierno. Creo en la obra terminada de Cristo en la cruz y en el poder de Su resurrección. Creo en la presencia manifiesta de Dios, en lo sobrenatural, en la sangre de Cristo, en la realidad de la sanidad divina y los milagros, en la autoridad del creyente sobre el diablo y sus demonios, y en las promesas de prosperidad contenidas en la Biblia para todas las áreas de la vida. ¡No me disculpo por esto! Y predico abiertamente todo el mensaje del evangelio del reino.

EL CRISTIANISMO "CONVENIENTE" QUE NIEGA EL PODER DE DIOS ES LA RAZÓN POR LA QUE LA IGLESIA HA SIDO SACUDIDA HASTA LO MÁS PROFUNDO.

RENUNCIANDO A NUESTRO PRIMER AMOR

Como resultado de su tibieza, la gente ha perdido su devoción por Cristo. *"Pero tengo contra ti, que has* ***dejado tu primer amor****"* (Apocalipsis 2:4). Cuando las personas reciben por primera vez al Señor, sus corazones se inundan con el amor del Padre y se enamoran de Él. Esto es lo que la Biblia llama el *"primer amor"*. Muchos nuevos creyentes oran todos los días, asisten a todos los servicios y actividades que ofrece la iglesia, cuentan a todos acerca de lo que Dios ha hecho en sus vidas y demuestran su amor por el Señor de diversas maneras. Ven a Dios obrando en cada situación de sus vidas, y creen todo lo que Él dice en Su Palabra. Sin embargo, llega un momento en que se enfrentan a una situación especialmente difícil, no parecen recibir respuestas a sus oraciones, experimentan el desgaste de la vida, se cansan de trabajar duro en el ministerio, o se decepcionan de otras personas, y esto hace que se enfríe ese primer amor. Una apatía o frialdad permanente hacia Dios provoca que se le juzgue. *"Recuerda, por tanto, de dónde has caído, y arrepiéntete, y haz las primeras obras; pues si no, vendré pronto a ti, y quitaré tu candelero de su lugar, si no te hubieres arrepentido"* (Apocalipsis 2:5). ¡Debemos clamar a Dios por un encuentro fresco con el Espíritu Santo y una nueva llenura de Su presencia!

LA FALTA DE ARREPENTIMIENTO POR ABANDONAR NUESTRO PRIMER AMOR TRAE JUICIO A LA CASA DE DIOS.

¿ESCUCHARÁS LA VOZ DE DIOS?

El juicio de Dios ya está cayendo sobre Su iglesia, así como sobre el mundo. Podemos ver sus consecuencias en cada iglesia, los líderes cristianos y los cristianos en general. Dios está revelando quiénes son verdaderamente los miembros de Su remanente. ¿En qué grupo se encuentra usted: en el trigo o la cizaña? ¿Ha estado viviendo en tibieza y ceguera espiritual? ¿Ha abandonado su primer amor? ¿Ha abrazado doctrinas falsas o diluidas? ¿Tolera el *"fuego extraño"* (Levítico 10:1) de la adoración contaminada en lugar de adorar a Dios *"en espíritu y en verdad"* (Juan 4:23–24)?

¿Ha dejado de velar y orar? (Vea, por ejemplo, Marcos 13:33). Todavía hay tiempo para el arrepentimiento antes del *"lloro y el crujir de dientes"* (Mateo 24:51) del juicio final. El Espíritu Santo está llamando al remanente a volver a Dios. ¿Escuchará Su voz? Lo invito a hacer una oración de arrepentimiento desde lo más profundo de su corazón:

> Padre celestial, yo reconozco que he perdido mi primer amor y que he estado viviendo en tibieza espiritual durante estos últimos tiempos. He dejado de velar y orar. He dejado de hacer la obra de Cristo en el mundo. Necesito arrepentirme. Necesito volver a Ti con todo mi corazón. Perdóname. Ayúdame en mi debilidad. Acepto y acojo la ayuda de Tu Espíritu Santo. Reconozco mi necesidad de Tu poder y gracia para renunciar a todo lo que me aleja de Tu presencia. Renueva en mí el gozo de mi salvación, y hazme una nueva criatura en Cristo. Acércame a Tu corazón. Lávame de toda mi maldad. Limpia mi vida de pecado, y mi corazón de toda iniquidad. Hoy, renuevo mi pacto contigo para serte fiel, seguirte, servirte y manifestar Tu poder y presencia en esta tierra a aquellos que aún no Te conocen. ¡Lléname de Tu Espíritu hasta que desborde! Hoy, junto con el Espíritu y la iglesia, clamo, "¡Ven, Señor Jesús!".

TESTIMONIOS DE LOS ÚLTIMOS TIEMPOS

Emilio Rodríguez y su esposa vinieron al Señor cuando estaban financieramente quebrados, incapaces de concebir un hijo y al borde del divorcio. Estaban atravesando una gran crisis, y su vida estaba en ruinas. Debido a que no tenían una relación establecida en Dios a través de Jesucristo, el juicio de este mundo cayó sobre ellos como una maldición. Sin embargo, cuando se rindieron a Cristo, todo comenzó a cambiar.

> Llegué al Ministerio El Rey Jesús hace dos años, en la Pascua, cuando estaba pasando por muchas luchas. Mi esposa y yo estábamos a punto de divorciarnos, hablando de cómo nunca íbamos a poder tener hijos o formar nuestro propio negocio. Sin embargo, a Dios le bastó un instante para darle la vuelta a todo. Cuando lo encontré por primera vez, Él inmediatamente comenzó a obrar

en nuestras vidas. Nunca lo había conocido antes; pero el día que llegué a El Rey Jesús, Él me habló y me dijo que esa era la iglesia en la que quería que me quedara. Mi madre había permanecido allí durante veinte años y nunca había perdido la fe en que, algún día, yo también vendría y conocería a Jesús.

A mi esposa y a mí nos asignaron unos mentores que nos enseñaron a diezmar, dar, orar, adorar y ayunar. Inmediatamente obedecimos y aplicamos sus enseñanzas. En CAP, Dios me instruyó para que sembrara mil dólares. No los tenía. En ese momento, vivíamos en un apartamento de una habitación y teníamos ingresos reducidos. Pero, aunque no teníamos el dinero, prometimos sembrarlo. A los dos meses de cumplir esa promesa, mi esposa quedó embarazada. ¡Fue un milagro! Unos meses más tarde nos invitaron a ser parte del programa de Inversionistas de los Últimos Tiempos.[28] Dios puso en mi corazón sembrar 10,000 dólares. Como antes, no teníamos el dinero, pero no dudamos en comprometernos a darlo. Tan pronto como juntamos el dinero, fuimos a la iglesia y lo sembramos. Ese año tuvimos a nuestro bebé, nuestro negocio y nuestra casa. Ahora, las bendiciones son continuas. Tenemos paz en nuestro hogar; nuestros familiares vienen a visitarnos, y siempre hay espacio para todos.

Mi esposa y yo habíamos estado casados durante diecisiete años sin lograr ninguna de nuestras metas; pero con Dios tuvimos todo lo que habíamos soñado, y más, en solo dos años. Por supuesto, esto no sucedió sin que pasáramos pruebas y desafíos. Por ejemplo, cuando mi esposa estaba embarazada, nos chocó un camión de 18 ruedas en la autopista, pero salimos de allí con solo unos pocos rasguños. Luego, en medio del embarazo, mi esposa comenzó a sangrar. Pero tuvimos pastores y mentores que nos alentaron, oraron por nosotros y nos ayudaron a salir adelante. Mi hijo nació prematuramente, pero, por la gracia de Dios, sobrevivió. ¡Hemos visto a Dios hacer tantos milagros! Y no podemos esperar a ver lo que Él continuará haciendo en nuestras vidas como testimonio de Su bondad.

---

28. Este es un programa del Ministerio El Rey Jesús que recauda fondos para llevar el mensaje del reino a más y más áreas del mundo.

Luis se había alejado de Dios y había caído en actividades delictivas. El Señor le habló cuando estaba en la cárcel, lo llevó a arrepentirse y ser restaurado. El juicio de Dios lo llevó a la cárcel con el propósito de darle una oportunidad de redimir su vida.

> Soy miembro del Ministerio El Rey Jesús y he estado en este ministerio durante cinco años. Sin embargo, por un año me alejé de Dios. Dejé de hablar con mis mentores y me separé de la iglesia. Un día, durante mi rebeldía, de repente me arrestaron y me acusaron de un delito. Mientras estaba en la cárcel, oí que el Señor me hablaba, diciendo: "Eres tan rebelde que tuve que ponerte aquí para que me escucharas". Eso me impactó porque realmente no quería ser un hijo rebelde. Así que llamé a mis mentores y les dije que volvería a la iglesia. En pocos días, Dios me sacó de la cárcel y me restauró por completo. Cuando asistí a CAP, sentí la convicción del Espíritu Santo y fui transformado.
>
> ¡Hoy, soy un hombre nuevo! Ahora solo siento Su presencia y Su amor. Me di cuenta que no importaba lo lejos que me fuera, Él siempre estaría allí para sostenerme. No importa lo que el enemigo te diga, agárrate de la visión que Dios te ha dado y de las palabras que has recibido de Él, porque todo sucederá tal como Él lo prometió.

El padre de Denis Funes fue detenido por las autoridades por no tener sus documentos de inmigración en orden, y parecía que sería enviado de regreso a su país de origen y no podría volver a los Estados Unidos. Pero Denis nunca dejó de creer en Dios ni de servirle. Y Dios hizo lo imposible. Su padre no solo fue puesto en libertad, sino que su orden de deportación fue cancelada.

> Mi padre estuvo detenido durante ocho meses por el Servicio de Inmigración. Fuimos a todos los abogados que pudimos encontrar, y todos nos dijeron que no había solución. Iba a ser deportado. En esos ocho meses no dejé de servir a Dios. No dejé de liderar mis reuniones de Casa de Paz. Mi familia y yo seguimos sirviendo en la iglesia, orando y creyendo por un milagro. En mi cumpleaños recibí una palabra profética que decía que mi padre sería liberado.

Me aferré a esa palabra y creí en ella con todo mi corazón. Dos semanas más tarde, contra todo pronóstico, mi padre estaba en casa de nuevo. Dios obró un milagro, y hemos podido ver Su gloria brillar a través de este difícil proceso.

CAPÍTULO 6

CÓMO EVITAR EL JUICIO

A medida que llegamos al capítulo final de la parte I, resumamos lo que hemos discutido hasta ahora:

- El Señor está sacudiendo todos los pueblos, naciones, y el fundamento de todas las cosas creadas.
- Todo lo que no está establecido en Dios se pone a prueba y se demuestra que falta.
- El sacudimiento se relaciona con el juicio de Dios por la iniquidad acumulada y la falta de arrepentimiento de la humanidad.
- El sacudimiento constituye una señal de Dios de que la aparición de Jesús, o el rapto, está cerca, y que el mundo está bajo juicio.
- Dios está enviando el sacudimiento de los últimos tiempos tanto para juzgar al mundo por su corrupción moral como para despertar a la iglesia de su tibieza.
- Aunque todos los sacudimientos tengan el propósito de juzgar y de hacer justicia, también tienen la intención de ser un medio de misericordia para aquellos que responden con arrepentimiento al castigo de Dios.

En estos tiempos finales la copa del pecado se ha desbordado y el juicio de Dios ha sido desatado sobre la tierra. En la Biblia, cuando Dios estaba a punto de enviar el fuego del juicio sobre las ciudades de Sodoma y Gomorra, Abraham intercedió por ellos con la esperanza de que Dios detuviera el juicio. Sin embargo, cuando se encontraron menos de diez justos entre ellos, las ciudades fueron destruidas. (Vea Génesis 18:16–19:27).

Hoy sabemos que el juicio final de Dios sobre la tierra ya está en marcha; este juicio comenzó con la iglesia, pero se ha extendido de forma global. Ambos juicios continuarán. Ya hemos hablado en profundidad de varios sacudimientos regionales y globales que el mundo ha experimentado recientemente o que aún está experimentando. Pero consideremos, por ejemplo, la temporada de huracanes del Atlántico de 2020, que ha *batido récords* con treinta tormentas con nombre, catorce de las cuales se convirtieron en huracanes, incluyendo las siete más importantes.[29] En otro ejemplo, piense en el hecho de que la pobreza está aumentando y alcanzando niveles catastróficos por muchas razones, en particular por los efectos del coronavirus, los eventos climáticos y el conflicto armado. Aunque en las dos últimas décadas se ha avanzado mucho en el alivio de la pobreza, "se calcula que la pandemia de COVID-19 empujará a otros 88 a 115 millones de personas a la pobreza extrema [en 2020]", con un aumento total de hasta 150 millones para 2021.[30]

Estamos llamados a hacer todo lo que podamos en el nombre de Cristo para ayudar a los pobres, a los oprimidos y a los necesitados. (Vea, por ejemplo, Mateo 25:31–46). Sin embargo, lo único que puede detener el juicio global es el arrepentimiento humano en general.

EL ARREPENTIMIENTO GLOBAL

Anteriormente hablamos de la necesidad del arrepentimiento, pero en este capítulo exploraremos lo que esto significa con mayor profundidad. ¿Qué es el arrepentimiento? El *arrepentimiento* se refiere a un cambio de dirección. Arrepentirse significa dar un giro de 180 grados y caminar en

---

29. "Record-Breaking Atlantic Hurricane Season Draws to an End" ["La temporada de huracanes en el Atlántico, que bate récords, llega a su fin"], National Oceanic and Atmospheric Administration, noviembre 24, 2020, actualizado a junio 10, 2021, https://www.noaa.gov/media-release/record-breaking-atlantic-hurricane-season-draws-to-end.
30. World Bank, "COVID-19 to Add as Many as 150 Million Extreme Poor by 2021" ["La COVID-19 sumará hasta 150 millones de pobres extremos en 2021"], boletín de prensa No. 2021/024/DEC-GPV, octubre 7, 2020, https://www.worldbank.org/en/news/press-release/2020/10/07/covid-19-to-add-as-many-as-150-million-extreme-poor-by-2021.

dirección opuesta a la que nos dirigíamos. Significa apartarse de los pecados, las iniquidades, las transgresiones, la injusticia, la perversión moral y todo lo demás que desagrada a Dios y que ha traído al mundo a su condición actual y al momento de juicio ante Él. El arrepentimiento es un cambio genuino y sincero de mente y corazón; por lo tanto, la evidencia del arrepentimiento es el *cambio*. No habrá transformación hasta que haya un arrepentimiento genuino.

De modo que, la solución a todos los problemas de este mundo es un arrepentimiento global ante Dios de la iglesia y de las naciones. Isaías 30:15 dice: *"Porque así dijo Jehová el Señor, el Santo de Israel: En descanso y en reposo seréis salvos; en quietud y en confianza será vuestra fortaleza. Y no quisisteis"* (NVI). ¿Por qué cuesta mucho hacer algo que parece tan simple? La verdad es que para que las personas se arrepientan de todo corazón, se requiere una virtud de la que se carece hoy en día: la humildad.

Hoy en día el corazón de muchas personas está lleno de orgullo y arrogancia, lo que les impide arrepentirse. Cuando se encuentran en esta condición sus corazones no reconocen que están haciendo algo malo. Además, no saben, ni pueden saber qué hacer frente a los sacudimientos de los últimos tiempos; no se dan cuenta de que solo Dios tiene las respuestas para ellos. La humildad por si sola puede llevar a la gente a reconocer su condición pecaminosa —su maldad e iniquidad— y arrepentirse de ello. Cuando no tenemos suficiente humildad, necesitamos la ayuda del Espíritu Santo, que se mueve en nuestros corazones, nos trae la convicción de pecado y nos redirige hacia Dios. O, necesitamos la ayuda preliminar de una gran crisis que aplaste nuestro orgullo y nos lleve a reconocer que fallamos y hemos pecado contra Dios. Después, estaremos abiertos a la obra del Espíritu Santo, de convencernos y traernos a la salvación. Cuando nos arrepentimos le damos permiso al Señor para que intervenga en nuestras vidas. *"Así que, arrepentíos y convertíos, para que sean borrados vuestros pecados, para que vengan de la presencia del Señor tiempos de refrigerio"* (Hechos 3:19).

**EL REMEDIO PARA PREVENIR,
RETRASAR Y PARAR EL JUICIO ES EL ARREPENTIMIENTO.**

Una vez más, solo hay un remedio aceptable para la situación en la que se encuentra el mundo hoy: el arrepentimiento delante de Dios. A menos que nos arrepintamos, Dios no intervendrá. Las plagas —las crisis de salud, los problemas económicos, etc.— que están sacudiendo al mundo en este momento no se irán ni serán aplazadas hasta que los individuos, naciones y la iglesia reconozcan su pecado y rebelión, y respondan con arrepentimiento. ¡No hay alternativa! Y como he subrayado, el *primer* escenario en el que debe producirse el arrepentimiento es la iglesia. El juicio de Dios comienza en Su propia casa para que Su pueblo pueda llevar al mundo al arrepentimiento.

UNA IGLESIA QUE NIEGA SU PECADO NO PUEDE DETENER UNA PLAGA O UNA MALDICIÓN, MUCHO MENOS UN JUICIO.

LA FALTA DE CULTURA DE ARREPENTIMIENTO

Un obstáculo importante para prevenir el juicio a través del arrepentimiento es que muchas personas en el mundo ni siquiera saben qué es el arrepentimiento, mucho menos su necesidad ni cómo entrar en él. Hoy, no es popular hablar de arrepentimiento, incluso en la iglesia. Vivimos en una época en la que la gente quiere una solución rápida a sus problemas, una que no implique cambio y mucho menos sacrificio. ¡Esta es la trampa perfecta! Esa mentalidad nunca les permite entrar en la libertad de la transformación espiritual y una relación profunda con su Padre celestial. Por eso, hoy más que nunca el trabajo de los apóstoles y los profetas es revelar a las personas sus pecados, sus transgresiones e iniquidades, para que sus ojos sean abiertos. Por lo tanto, si es un apóstol o un profeta, *"clama a voz en cuello, no te detengas; alza tu voz como trompeta, y anuncia a mi pueblo su rebelión, y a la casa de Jacob su pecado"* (Isaías 58:1). Cuando el pueblo ve sus transgresiones, puede identificarlas y así tener la oportunidad de arrepentirse y detener el juicio.

Cada persona, iglesia y nación tendrá su propia forma de expresar su arrepentimiento. Lo más importante es que el cambio producido por el arrepentimiento de las personas sea evidente a medida que son convencidas y guiadas por el Espíritu, mientras crecen en Cristo según los caminos de Dios. Todos debemos responder al llamado de Dios de regresar a Él y examinarnos, reconocer nuestros pecados y arrepentirnos. Debemos dejar atrás la mentira, el robo, el odio, la rebelión, la brujería, la perversión sexual, la perversión moral, el orgullo y todas las demás formas de pecado. Solo entonces Dios intervendrá en nuestras vidas con Su redención, habrá un cambio radical dentro de nosotros y pasaremos del juicio a la bendición.

EL DENOMINADOR COMÚN DEL VERDADERO ARREPENTIMIENTO ES EL CAMBIO.

LA OBRA DEL ESPÍRITU SANTO

Si bien el arrepentimiento es una condición fundamental para detener el juicio de Dios, hemos visto que hoy en día las personas quieren que sus problemas se solucionen sin tener que sufrir cambios o hacer sacrificios. Sin embargo, el verdadero arrepentimiento no se puede fabricar. Por lo tanto, debemos tener este elemento indispensable en el proceso de nuestro arrepentimiento: la convicción del Espíritu Santo. No puede haber un verdadero arrepentimiento a menos que esté acompañado por la convicción del Espíritu. Jesús sabía esto, por eso les dijo a Sus discípulos lo siguiente: *"Pero yo os digo la verdad: Os conviene que yo me vaya; porque si no me fuera, el Consolador no vendría a vosotros; más si me fuere, os lo enviaré. Y cuando él venga, convencerá al mundo de pecado, de justicia y de juicio"* (Juan 16:7–8).

Solo una persona en rebelión, con un corazón endurecido, con una conciencia muerta a la justicia, resistirá el poder de convicción del Espíritu de Dios. Debemos tener cuidado de no convertirnos en una persona así. Si, por ejemplo, nuestros corazones se han endurecido por las desilusiones, las traiciones y engaños que hemos sufrido —en la vida en general o dentro de la iglesia— necesitamos la obra del Espíritu Santo para sanarnos y guiarnos al arrepentimiento del resentimiento y endurecimiento. El poder de convicción del Espíritu Santo iluminará nuestra conciencia y nos mostrará que estamos en un estado de pecado. La verdad es que no existe un verdadero arrepentimiento donde se rechaza al Espíritu Santo, porque la presencia de Dios es necesaria para la transformación.

UN CAMBIO DE CORAZÓN GENUINO Y SINCERO ES EL RESULTADO DE UNA ENTREGA TOTAL A LA CONVICCIÓN DEL ESPÍRITU SANTO EN NOSOTROS.

¿Cómo reconocemos la convicción del Espíritu? ¿Y cómo cedemos a esa convicción? La convicción del Espíritu Santo es un discernimiento interno mediante el cual Dios revela a nuestros corazones cosas abominables que nos apartan de Él. Aunque puede tomar un gran esfuerzo para que reconozcamos nuestro pecado, si no tenemos cuidado será demasiado fácil rechazar la convicción del Espíritu con respecto a él. Cuando sentimos Su convicción, es muy importante que confiemos que Dios sabe lo que está haciendo, y no darle la espalda a lo que Él quiere mostrarnos.

El secreto para ceder a la convicción radica en la humildad y la entrega. Si rendimos nuestra voluntad, recibiremos el poder para arrepentirnos de lo que nos ha separado de Dios. Si no nos rendimos, vamos a contristar al Espíritu Santo (vea Efesios 4:30), y solo enfrentaremos más juicio y sacudimiento. Por favor, comprenda que hay una diferencia entre sentirse condenado y sentirse acusado. La condenación nos acusa y nos deja separados de Dios, mientras que la convicción nos lleva al conocimiento de nuestro verdadero estado con el propósito de arrepentirnos, restaurarnos con Dios y transformarnos. A veces, cuando les mostramos a las personas su pecado, ellos no tienen problema para identificarlo, pero su orgullo y arrogancia los lleva a negarlo. Hacen a un lado su convicción, ignoran su pecado y se niegan a rendirse para ser redimidos. Esto hace que sus corazones se endurezcan y tengan una necesidad desperada de consolación y sanidad.

EL MINISTERIO DEL SACERDOCIO

El reino de Dios es un reino de sacerdotes. (Vea, por ejemplo, Apocalipsis 1:6; 5:10). Un sacerdote se presenta delante de Dios en nombre del pueblo. En el Antiguo Testamento el sacerdote tenía la autoridad de ofrecer sacrificios físicos ante Dios en nombre de sus propios pecados y los del pueblo. Cuando Jesús se ofreció a Sí mismo como sacrificio en la cruz, Él pagó por los pecados de todos, de una vez y por todas. (Vea Hebreos 7:27; 9:12; 10:10). Lo maravilloso de la obra de Jesús en la cruz es que Él ha hecho que todos los que crean en Él sean sacerdotes de Dios. Y ahora, nosotros como sacerdotes ofrecemos a Dios sacrificios espirituales, como adoración, ofrendas, oraciones y ayuno. *"Vosotros también, como piedras vivas, sed edificados como casa espiritual y sacerdocio santo, para ofrecer sacrificios espirituales aceptables a Dios por medio de Jesucristo"* (1 Pedro 2:5).

Además, un sacerdote tiene el poder de traer la bendición al pueblo intercediendo ante Dios para retrasar o prevenir un juicio en contra de ellos. Sin embargo, los sacerdotes que interceden necesitan vivir una vida justa y recta, porque de allí es donde viene su autoridad espiritual. Por lo tanto, como sacerdotes, tenemos el derecho de interceder ante Dios para prevenir un juicio solo si estamos en la justicia de Jesús, porque esa posición es la única desde la que ejercemos autoridad y mediamos ante Él.

La iglesia ha subestimado el poder del sacerdocio, tal como se ha subestimado el poder del arrepentimiento. Todos los sacerdotes e intercesores deben ser portadores de la presencia de Dios, llamar al pueblo a arrepentirse de sus pecados y ante Dios, clamar por la convicción del Espíritu Santo que vendrá ahora más que nunca. Los sacerdotes de Dios de los últimos tiempos —ya sea que estén sirviendo en el hogar, en la iglesia, en el negocio, en la educación, en los medios de comunicación, en el gobierno, o en cualquier otro ámbito de la vida— deben humillarse en arrepentimiento ante Dios, tomar responsabilidad por los pecados de individuos, familias, congregaciones, grupos, instituciones, pueblos y naciones. Esto es lo que Daniel, Nehemías y otros hicieron a favor de Israel en el exilio. (Vea Daniel 9:1–19; Nehemías 1:1–11).

Sin embargo, la triste realidad es que muchos creyentes están culpando a otras personas o fuentes por los problemas del mundo. Nadie quiere tomar responsabilidad por sus propios pecados, faltas, equivocaciones, errores o fallas; o las transgresiones de su propio grupo étnico o nación. Como resultado, los sacerdotes de Dios están descuidando sus propias funciones y los problemas y males persisten. Debemos reconocer que, como sacerdotes, somos la justicia de Dios en nuestras comunidades, ciudades y naciones. La intercesión, la oración y la profecía, moldean y cambian la atmósfera espiritual de la tierra. Nuestras oraciones pueden cambiar entornos y mundos al tiempo que dan forma a la historia. Nos convertimos en sacerdotes intercesores de regiones y naciones cuando clamamos por justicia, arrepentimiento y redención. No podemos abandonar nuestra identidad de sacerdotes santos que Dios nos ha llamado a ser. En estos últimos tiempos debemos estar fuertemente establecidos en esta identidad más que nunca. Pero, de nuevo, la única forma de funcionar como sacerdotes es viviendo en justicia y santidad delante de Dios.

UN LLAMADO AL ARREPENTIMIENTO

Como apóstol, con una voz apostólica, llamo a la iglesia para que se humille y se arrepienta. Estoy llamando a las naciones que se vuelvan a Dios, que se arrepientan y dejen sus malos caminos. ¡Volvámonos todos al Señor! Arrepintámonos delante de Él ahora. Arrodillémonos ante Dios con llanto e intenso dolor, con un profundo sentimiento de haberlo desagradado. Oremos juntos:

> Padre celestial, Tú estás lleno de amor y justicia. Has sido y sigues siendo paciente conmigo y con esta generación. Vengo a Tu presencia con la convicción del Espíritu Santo de que necesito arrepentirme de toda mi maldad, orgullo y rebeldía. Ahora mismo, me rindo en Tu presencia. Te cedo mi voluntad, pensamientos, deseos, opiniones, prácticas, hábitos y planes. Me rindo sinceramente y me humillo delante de Ti. Decido someterme a Tu voluntad y a la guía de Tu Espíritu Santo. Guíame a hacer y decir lo que haces y dices hoy desde Tu trono. Guíame para ser parte del remanente que está preparando el camino para la segunda venida de Cristo. Úsame para llevar el evangelio de Tu reino a todos lo que no Te conocen y necesitan Tu salvación. En el nombre de Jesús, ¡amén!

TESTIMONIOS DE LOS ÚLTIMOS TIEMPOS

Ricardo Gutiérrez, originario de Cuba, vivió por muchos años sin Dios, con una vida llena de pecado, crímenes y adicciones, y un corazón que estaba endurecido. Fue de mal en peor y experimentó el juicio divino de este mundo hasta que Dios entró a su vida. Ricardo se arrepintió y se detuvo el juicio.

Solía trabajar como camarero en un restaurante y en un club nocturno. Era un delincuente; robaba, vendía y consumía todo tipo de drogas, bebía toda clase de licor, inhalaba cocaína y metanfetamina. Debido a este estilo de vida peligroso, un día sufrí un paro cardíaco. Solo recuerdo haber visto todo oscurecerse. Caí muerto. Fue una lucha; pero gracias a la ayuda de profesionales médicos, regresé a la vida. Dios me había dado otra oportunidad. Sin embargo, continué viviendo un estilo de vida pecaminoso. Siempre que consumía drogas podía beber todo el alcohol que quisiera sin emborracharme. Conducía frecuentemente bajo los efectos de la droga y el alcohol. Esto me llevó a tener varios accidentes, pero a menudo abandonaba la escena sin importarme nada ni nadie que pudiera estar afectado.

Era conocido por ser insensible, sin principios y sin corazón, herí a mis padres muchas veces. Ellos solo podían clamar a Dios por mi vida y la vida de las personas que me rodeaban. El único mundo que me interesaba era el mío. Sin embargo, siempre me quedaba con un vacío horrible dentro de mí. Hubo muchas veces que quise suicidarme porque, mientras estaba drogado, vivía una realidad, pero cuando pasaban los efectos, mi realidad era otra. Dos veces me paré en el puente que va del centro de Miami a Miami Beach, con la intención de suicidarme porque no podía soportar la depresión.

Sin embargo, cuando fui al Ministerio el Rey Jesús, Dios tocó mi vida inmediatamente, y decidí cambiar. Lo primero que hice fue buscar a mi madre y pedirle perdón por todas las heridas y el sufrimiento que le había causado. La siguiente cosa fue renunciar a mi trabajo como camarero. También me corté el pelo, y empecé a botar la ropa, zapatos y todo lo relacionado con mi estilo de vida anterior. Dejé de ir a todos los lugares oscuros que frecuentaba y comencé a caminar en la luz. Mi mamá no podía creer el cambio, pero Dios realmente me había transformado. Después de un año de haber servido en la visión de la iglesia, mi madre vino y se bautizó. Dos años más tarde mi papá también se bautizó.

Había llegado a El Rey Jesús sin siquiera tener un hogar —dormía dentro de mi carro— pero las personas aquí me ayudaron. Comencé a trabajar en el Ministerio en el departamento de mantenimiento. Un año después, entré en un programa de discipulado. El Señor quitó todos mis vicios. Ya no humillaba a nadie. Ya no maltrataba el corazón de nadie. En dos años, el Espíritu Santo obró en mí y cambió mi vida por completo. Incluso conocí a mi esposa en la iglesia. La gente de El Rey Jesús continuó ayudándonos con todo. Hoy, tenemos diez años de casados. Tengo un negocio, una casa, una familia e hijos, a quienes guío en las cosas de Dios. Esa es mi misión. Dios transformó mi vida y he visto la manifestación de Su gloria a través de mi familia. Todo lo que puedo hacer es agradecerle por lo que ha hecho por mí.

Elizabeth Pinchite, originaria de El Salvador, tiene muchos testimonios de su dependencia de Dios y de recibir Su ayuda. Ella ha visto el juicio eliminado de su vida una y otra vez, y ahora siembra con gratitud en la obra de Dios bajo la guía del Espíritu Santo.

He estado con el Ministerio El Rey Jesús desde que comenzó. Vine en medio de circunstancias difíciles, pero mi vida cambió aquí. El Señor me ha permitido compartir la visión de este ministerio con otros y he recibido varios milagros.

En CAP 2018 el Apóstol Maldonado desafió a los miembros de la iglesia a comprometerse con 10,000 dólares cada uno para organizar un futuro CAP gratuito para los inconversos. Creí con todo mi corazón e hice un pacto con Dios por ese dinero ya que no lo tenía. Lo di poco a poco hasta completar los 10,000. Para finales de 2019, ¡mi familia estaba abriendo su cuarto negocio! Y todo lo que el Señor nos dio lo pusimos a Su disposición. Estoy seguro de que ayudamos a ministrar a las naciones y al mundo cada vez que invertimos en el reino.

Cuando llegué al Ministerio El Rey Jesús, había trabajado en una compañía por diecisiete años, pero el Señor comenzó a poner en mí el deseo de tener mi propia empresa. Yo le creí. Lo primero que hice fue hacer un pacto con Él para tener mi propia casa, con la promesa de usarla para atender a Sus siervos y servirles en todo. Hoy, he sembrado en la vida de varios pastores, muchos de ellos apóstoles e hijos espirituales del ministerio, albergándolos en mi casa. A cambio, he visto su transformación y la impartición que han llevado a sus naciones. ¡Ellos han revolucionado las iglesias y la vida de muchas personas! El Señor después usó a uno de esos líderes para ayudarme a comenzar mi negocio. Dios me abrió las puertas con un hombre que me gané para Cristo, y fue él el que financió mi negocio. Él nos lo dio y lo hemos hecho crecer a gran escala.

Nuestro negocio es una tintorería. Mientras manejamos la ropa de los clientes, declaramos salvación sobre estas personas. Si están pasando por problemas, depresión, divorcio, desempleo o problemas de salud, oramos por milagros en sus vidas. Cuando comenzamos, no teníamos suficiente publicidad en el negocio, así que oramos y Dios trajo los clientes. A medida que crecíamos, también aumentamos nuestra siembra en la obra de Dios. Siempre compramos libros y videos cristianos para nuestros clientes, y muchos han aceptado a Cristo, han sido sanados y liberados en el negocio. Por ejemplo, hay un testimonio de una señora que tenía cáncer de mama y el Señor la sanó. También se han recuperado jóvenes que sufrían de depresión.

¿Cómo no creer en Dios en estos días oscuros? Durante la pandemia de la COVID-19 pensamos que teníamos que cerrar nuestras puertas debido a la cuarentena, pero cuando chequeamos la lista vimos que las tintorerías estaban entre los negocios que podían permanecer abiertos. Hicimos pequeños ajustes en nuestra ofrenda, pero nunca paramos de sembrar. Mantuvimos a todos los empleados. El Señor no permitió que nos atrasáramos con el pago de nuestra renta en nuestras cuatro tiendas.

Un día, fuimos a cenar a la casa de una familia, y ellos nos pidieron que oráramos por su hija quien se sentía enferma y nadie sabía por qué. Le ministramos y la guiamos a hacer la oración del pecador. Una semana después, la niña me confesó que ese día había tomado tres pastillas abortivas y ya no podía sentir al bebé, y que esa noche, después que oramos y le ministramos, el bebé comenzó a moverse de nuevo. ¡Gloria a Dios!

Un día tuve un sueño en el que Dios me mostró una gran guerra en mi hogar que involucraba rebelión y sexo ilícito. Desde ese momento, comencé a orar sin cesar por mis hijos. Poco después me enteré que mis dos hijos se habían apartado del Señor. Uno de ellos tenía una relación con una chica que no era la voluntad de Dios. El perdió su trabajo durante la cuarentena, pero obtuvo un trabajo nuevo tres meses más tarde. Cuando se hizo los exámenes médicos para comenzar a trabajar, dio positivo en la prueba del VIH. Esta noticia fue impresionante, pero me armé de valor e inmediatamente hice un pacto con el Señor. Le dije a mi hijo que necesitaba ir a la iglesia y reconciliarse con el Señor. Esa semana no pude orar; solo me acosté en el suelo y di gracias a Dios. Mi hijo volvió a hacerse la prueba de VIH, y esta vez el examen dio negativo. Hoy, mis dos hijos están de vuelta en la casa de Dios y buscan Su presencia cada día.

Sé que estamos en medio de un sacudimiento. Es una realidad. Mi fe y la de los demás está siendo sacudida y probada, pero me aferro a la Roca. Todo lo que no es de Dios está siendo removido de nuestras vidas. ¡Doy gracias a Dios por ser parte de una iglesia viva donde Su presencia está en cada servicio y donde se nos enseña a velar y orar con una fe viva y la revelación del Espíritu Santo!

PARTE II:

¡EL AVIVAMIENTO DE LOS ÚLTIMOS TIEMPOS SE ACERCA!

CAPÍTULO 7

LA HISTORIA DEL AVIVAMIENTO

Durante los últimos dos milenios han ocurrido numerosos movimientos del Espíritu Santo en diferentes partes del mundo. El primer derramamiento, y quizás el más conocido, ocurrió en Jerusalén cincuenta días después de la resurrección de Jesús. Los ciento veinte discípulos que recibieron esta primera investidura del Espíritu de Dios habían esperado en oración la promesa del Padre, tal como Jesús les había pedido que hicieran. (Vea, por ejemplo, Hechos 1:4–5). Este derramamiento del Espíritu Santo sobre la nueva iglesia cristiana desencadenó la primera evangelización masiva. El apóstol Pedro predicó a las multitudes de judíos que se habían reunido en Jerusalén, procedentes de todo el mundo conocido, para celebrar la fiesta de Pentecostés, y tres mil personas vinieron a Cristo. (Vea Hechos 2). Después de ese acontecimiento, *"el Señor añadía cada día a la iglesia los que habían de ser salvos"* (Hechos 2:47).

Con el paso de los siglos, la iglesia ha perdido su pureza original y experimentado altibajos, incluyendo ciertos tiempos de oscuridad espiritual cuando el Espíritu Santo dejó de manifestar Su presencia y Sus obras, y la voz de Dios ya no se escuchaba entre Su pueblo. Sin embargo, a través de los milenios de la historia humana, a pesar de los períodos de sequedad y apatía en la iglesia, el Señor no dejó de moverse para cumplir Sus propósitos. Él intervino para mostrar Su gloria y Su salvación a la gente de la tierra. Él siempre ha deseado tener una relación cercana, íntima y continua con

Sus hijos y con toda Su creación. Él anhela que la novia de Cristo esté lista, sin mancha ni arruga, para ser presentada al Novio. (Vea Efesios 5:25–27).

Actualmente estamos en el umbral del último gran avivamiento de la historia antes de que Cristo vuelva por Su iglesia. De hecho, como he descrito previamente, el deterioro moral de la sociedad moderna y los inusuales fenómenos físicos y espirituales han venido anunciando la llegada del fin de los últimos tiempos. Incluso, muchos eventos de los últimos días que fueron profetizados hace más de dos mil años, hoy se están cumpliendo al pie de la letra.

AVIVAMIENTOS HISTÓRICOS

Antes que comencemos a explorar el avivamiento de los últimos tiempos en los próximos capítulos, quiero que demos un breve vistazo a algunos de los movimientos históricos más destacados del Espíritu Santo, así como a los avivamientos más recientes. A medida que revisemos esos derramamientos, nos enfocaremos en los personajes más importantes que ha tenido cada movimiento, y comenzaremos por reconocer las características del verdadero avivamiento.

LA REFORMA

En el siglo XVI, un período de predominante oscuridad espiritual fue roto por un mover del Espíritu de Dios. Hombres de diferentes ciudades y países comenzaron a sentir la necesidad de predicar el verdadero y puro evangelio de Jesucristo, sin añadirle ni alterarlo. Esto contrastaba abiertamente con gran parte de las enseñanzas de la iglesia de aquella época, que se enmarcaban en paradigmas católicos que promovían prácticas y requisitos que iban en contra de lo que la Biblia enseña para llevar una vida en Cristo.

Por ese tiempo, Martín Lutero (1483–1546), un monje alemán, recibió un puesto académico para enseñar Biblia en la nueva universidad de Wittenberg. Lutero se opuso a la comercialización de la fe por parte de la iglesia católica, que vendía "indulgencias" a la gente. Pagar por esas indulgencias supuestamente protegería al comprador —u otros, en cuyo nombre se habían comprado esas indulgencias— del castigo en el purgatorio. Una frase muy conocida en ese momento era: "Tan pronto como suene la moneda en el cofre, el alma será sacada del purgatorio". Lutero llamó a un debate sobre esta práctica antibíblica. El 31 de octubre de 1517, clavó en la puerta de la iglesia de Wittenberg una lista de noventa y cinco tesis sobre las indulgencias:

> Esta hábil venta de indulgencias por parte de la iglesia enfureció a un joven sacerdote, que creía que los fieles cristianos estaban siendo manipulados y la Palabra de Dios malinterpretada. Como fiel estudiante, escribió un folleto compuesto por noventa y cinco afirmaciones que esperaba que inspiraran un debate académico sobre el tema. Ese panfleto se tituló *Disputa del Dr. Martín Lutero sobre la penitencia y las indulgencias*, pero pasó a la historia simplemente como "Las 95 tesis"...
>
> La mayoría de los historiadores cree que Martín Lutero nunca tuvo la intención de que este argumento se hiciera público. Estaba escrito en latín, el idioma de los eruditos, y fue clavado en la puerta de la iglesia del castillo de Wittenberg. En aquella época, la puerta de la iglesia servía como una especie de "tablero de anuncios", y publicar en ella era un método común para invitar a otros eruditos a participar en el debate teológico... Como importante centro de comercio agrícola, lo que sucedió en Wittenberg pronto se extendió por todas partes. En pocas semanas, las tesis se extendieron por toda Alemania y, en cuestión de meses, por toda Europa.
>
> Muchos se identificaron con el sentimiento de indignación de Lutero ante la corrupción y el engaño practicados por la iglesia. Una vez que un respetado académico como Lutero se atrevió a cuestionar una práctica de la iglesia católica romana, fue mucho más fácil para los alemanes menos educados unirse a la crítica. Los escritos de Lutero acabaron llegando al Papa, que respondió atacando a Lutero y terminó por excomulgarlo de la iglesia católica. El único panfleto de Lutero encendió la chispa que condujo a la Reforma Protestante. Su influencia en la iglesia es imposible de subestimar.[31]

31. "Una palabra del editor", en 95: *Las ideas que dieron origen a la Reforma* por Martín Lutero (New Kensington, PA: Whitaker House, 2017), 5–6.

La Reforma Protestante contribuyó a la recuperación radical de enseñanzas, tanto valiosas como vitales para la iglesia, como el enfoque en la Biblia, a través de la cual Dios expresa Su voluntad a Su pueblo, y la justificación a través de la fe solo en Jesús, que es la doctrina central sobre la que se funda la iglesia de Jesucristo. Además, durante ese tiempo, la Biblia comenzó a ser traducida y predicada en el idioma del pueblo. El propio Lutero tradujo la Biblia al alemán. Anteriormente, la Biblia solo estaba disponible en latín. Los reformadores Martín Lutero en Alemania, y Juan Calvino (1509–1564) y Ulrico Zwinglio (1484–1531) en Suiza, entre otros, formaron a predicadores y los enviaron a predicar a diferentes ciudades y países —a riesgo de sus propias vidas— para que más personas pudieran escuchar el mensaje del evangelio sin diluir.

Los efectos de la Reforma todavía se pueden sentir hoy en día de muchas maneras. En la actualidad, estamos viendo un crecimiento exponencial de la iglesia protestante en ciertas partes del mundo, al igual que el crecimiento entre los creyentes pentecostales y carismáticos en América Latina,[32] y el crecimiento de la iglesia clandestina en China, todo lo cual analizaremos en una próxima sección.

EL PRIMER GRAN AVIVAMIENTO

En el siglo XVIII, como parte de un avivamiento multinacional que llegó a ser conocido como el "Primer Gran Avivamiento", surgió un movimiento de Dios en Inglaterra. Los predicadores más destacados de ese movimiento fueron George Whitefield (1714–1770) y John Wesley (1703–1791), ambos ex miembros del Holy Club, dirigido por John Wesley y su hermano Charles, durante su época de estudiantes en Oxford. Whitefield predicó en numerosas ciudades de Inglaterra, Escocia y Gales, y su predicación estuvo acompañada por señales del Espíritu Santo. Viajó a Estados Unidos siete veces, hablando en Boston, Nueva York y Filadelfia, y multitudes se convirtieron.[33]

---

32. David Masci, "¿Por qué el pentecostalismo ha crecido tanto en América Latina?" Tanque de datos: Noticias en cifras, Centro de Investigación Pew, Washington, D.C., 14 de noviembre de 2014, https://www.pewresearch.org/fact-tank/2014/11/14/why-has-pentecostalism-grown-so-dramatically-in-latin-america/.
33. "Avivamientos del siglo XVIII: El Gran Despertar y el Avivamiento Evangélico", *Diario de la Renovación*, 14 de abril de 2014, http://renewaljournal.com/2014/04/14/eighteenth-century-revivals-thegreatawakening-andevangelicalrevivals/; "Panorama de los avivamientos", Biblioteca de avivamientos, https://www.revival-library.org/revival_histories/evangelical/general/overview.shtml.

Este avivamiento fue apoyado por una oración ferviente:

> La fe y las oraciones de los líderes justos fueron el fundamento del Gran Avivamiento. Antes de una reunión, George Whitefield pasaba horas, y a veces toda la noche, cubriendo los eventos en oración. Los fervientes miembros de la iglesia mantenían el fuego del avivamiento a través de sus genuinas peticiones por la intervención de Dios en la vida de sus comunidades.[34]

John Wesley describió un encuentro divino durante una sesión de oración:

> Después de una noche de oración y adoración con la comunidad [de John Wesley] en la víspera de Año Nuevo, algo similar al día de Pentecostés los golpeó en las primeras horas de la mañana. Wesley grabó:
>
> > Lunes 1 de enero de 1739. Los señores Hall, Kinchin, Ingham, Whitefield, Hutchins y mi hermano Charles estuvieron presentes en nuestra fiesta de amor en Fetter-lane, con unos sesenta de nuestros hermanos. A eso de las tres de la mañana, mientras continuábamos en oración, el poder de Dios vino poderosamente sobre nosotros, hasta el punto de que muchos gritaron de gran alegría, y muchos cayeron al suelo. Tan pronto como nos recuperamos de ese temor y asombro ante la presencia de Su Majestad, estallamos a una sola voz: "Te alabamos, oh Dios, te reconocemos como el Señor".[35]

John Wesley fue un predicador itinerante durante sesenta y cinco años. En sus reuniones había manifestaciones del Espíritu Santo, y fue testigo de sanidades y liberaciones como resultado de la oración.[36] Incluso con todas

---

34. Diane Severance, PhD, "¿Qué fue el gran avivamiento? Conozca los hechos y el resumen", 28 de abril de 2010, Christianity.com, https://www.christianity.com/church/church-history/timeline/1701-1800/the-great-awakening-11630212.html.
35. Bill Johnson y Jennifer Miskov, PhD, *Momentos decisivos* (New Kensington, PA: Whitaker House, 2016), 25.
36. Tony Cooke, "¡John Wesley vio algunos milagros locos!" Destiny Image, https://www.destinyimage.com/blog/tony-cooke-john-wesely-experienced-incredible-holy-spirit-manifestations.

las limitaciones de su época, John Wesley viajó unas 250,000 millas a caballo, predicó 40,000 sermones,[37] escribió 250 libros y folletos,[38] entrenó a cientos de predicadores,[39] y llegó a decenas de miles con el evangelio. Su hermano Charles escribió casi 9,000 himnos. La vida y la teología de John Wesley continúan impactando al mundo de hoy: "John y Charles Wesley más tarde se convirtieron en fundadores del movimiento metodista, que dio origen al Movimiento de Santidad e influyó enormemente en el pentecostalismo".[40]

EL SEGUNDO GRAN AVIVAMIENTO

En el siglo XIX, durante lo que se conoce ampliamente como el "Segundo Gran Avivamiento", uno de los predicadores más prominentes fue Charles Grandison Finney (1792–1875), quien algunas veces es llamado el "Padre del avivamiento moderno".

> Finney fue un evangelista, pastor y teólogo muy espiritual y distinguido, así como el más notable apóstol del avivamiento del siglo XIX. Se calcula que más de 250,000 almas se convirtieron como resultado de su predicación.[41]

Desde su propia experiencia de conversión, Finney conocía la presencia manifiesta de Dios y su poder para salvar. Cuando recibió la salvación, él "[le entregó] toda su alma a Dios", y entonces, dijo: "El Espíritu Santo descendió sobre mí de una manera que parecía atravesar mi cuerpo y mi alma. Podía sentir esa impresión, como una ola de electricidad, que me atravesaba. En efecto, parecía llegar en oleadas y oleadas de amor líquido, pues no podía expresarlo de otra manera".[42]

En el Segundo Gran Avivamiento, como en el primero, la oración fue la clave. Finney escribió estas palabras acerca de la importancia de la oración en el avivamiento:

---

37. "John Wesley", Your Dictionary, https://biography.yourdictionary.com/john-wesley.
38. Cooke, "¡John Wesley vio algunos milagros locos!"
39. Bill Farley, "John Wesley, 'No hay cristiano a medias'", 9 de diciembre de 2019, WilliamP.Farley.com, https://williampfarley.com/john-wesley-no-half-christian/.
40. Johnson y Miskov, *Momentos decisivos*, 20.
41. E. E. Shelhamer, "Prefacio", en *Experimentando el avivamiento* por Charles Finney (New Kensington, PA: Whitaker House), 8.
42. Charles G. Finney, *Charles G. Finney: Una autobiografía*, 1908, 32, 33, The NTSLibrary, http://www.ntslibrary.com/PDF%20Books/Charles%20Finney.pdf.

> Cuando los cristianos tienen el espíritu de oración puesto en el avivamiento se puede esperar que el avivamiento venga; esto sucede cuando oran poniendo el corazón en ello. A veces, los cristianos no hacen una oración específica por avivamiento, ni siquiera cuando están inspirados en la oración. Sus mentes están en otras cosas, como la salvación de los perdidos, y no oran por avivamiento entre ellos. Pero cuando sientan la necesidad de avivamiento, orarán por eso...
>
> ¿En qué consiste el espíritu de oración? ¿Son palabras fervientes y muchas oraciones? No. La oración es un estado del corazón. El espíritu de oración es un estado de continuo deseo y anhelo por la salvación de los pecadores. Incluso puede ser algo que agobie a una persona... Un cristiano que tiene este espíritu de oración se siente preocupado por las almas. Siempre están en su mente. Piensa en ellas de día y sueña con ellas de noche. Esto es "orar sin cesar". (Vea 1 Tesalonicenses 5:17). Sus oraciones parecen fluir de su corazón como el agua: *"Oh Jehová, aviva tu obra"* (Habacuc 3:2). A veces este sentimiento es muy profundo.
>
> Esto de ninguna manera es fanatismo. Es justo lo que Pablo sintió cuando dijo: *"Hijitos míos, por quienes vuelvo a sufrir dolores de parto"* (Gálatas 4:19). Ese dolor de parto por las almas es esa profunda agonía que las personas experimentan cuando se aferran a Dios para obtener una bendición y no lo dejarán ir hasta recibirla. No quiero decir que sea imprescindible tener esa gran angustia para tener espíritu de oración. Pero el deseo profundo, continuo y ferviente por la salvación de los pecadores es lo que constituye el espíritu de oración para un avivamiento.[43]

Se dice de Finney que su "filosofía del avivamiento, expresada en su autobiografía y explicada en sus 'Avivamientos de religión', ha afectado posteriormente a miles de cristianos y ha precipitado avivamientos en el mundo entero".[44]

---

43. Charles Finney, *Experimentando avivamiento* (New Kensington, PA: Whitaker House, 1984), 19–20.
44. "Perspectiva general de los avivamientos", Biblioteca de avivamientos.

Hubo otros movimientos de Dios durante el Segundo Gran Avivamiento. Por ejemplo, en el Reino Unido, en la década de 1830, un "movimiento de restauración fue liderado por Edward Irving [1792–1834], quien creía firmemente en la restauración de los dones espirituales y los ministerios apostólicos de la iglesia". Otros avivamientos ocurrieron en Escandinavia, Europa Central, Sudáfrica, las Islas del Pacífico, India, Malabar y Sri Lanka (anteriormente conocida como Ceilán).[45]

EL MINISTERIO DE MARÍA WOODWORTH-ETTER

Según la académica pentecostal Meredith Fraser, muchas mujeres fueron líderes del Movimiento de Santidad Americano, que fue la cuna del pentecostalismo. Eran mujeres que habían experimentado el bautismo en el Espíritu Santo; establecieron iglesias y escuelas bíblicas, y publicaron libros y revistas. Una de las primeras mujeres predicadoras de Santidad fue María Beulah Woodworth-Etter (1844–1924) de New Lisbon, Ohio. Ella es conocida hoy como la "Madre del Movimiento Pentecostal".[46]

En su libro *Señales y maravillas*, María escribió: "Poco después de convertirme [a los trece años], escuché la voz de Jesús llamándome a salir a los caminos y vallados para recoger las ovejas perdidas". Sin embargo, ella dijo: "Nunca había oído hablar de mujeres que trabajaban en público excepto como misioneras", así que no sabía cómo evangelizar.[47] María creció, se casó y tuvo hijos, cinco de los cuales murieron. Después de años de incertidumbre, finalmente se rindió al llamado de Dios para predicar después de ser sanada de sus enfermedades. María celebró reuniones de avivamiento en Ohio y comenzó a plantar iglesias. Finalmente, construyó un tabernáculo en Indianápolis, Indiana, en el que celebró reuniones. En sus servicios, "la gente bailaba, reía, lloraba, gritaba y entraba en trances que a veces duraban varios días".[48]

A través del ministerio de María Woodworth-Etter, cientos de miles de personas entregaron sus vidas a Cristo, y muchas fueron sanadas. Después de décadas de ministerio, María recordó:

---

45. "Visión general de los avivamientos", Biblioteca de avivamientos.
46. Meredith Fraser, "María Beulah Woodworth Etter, la evangelista del trance", *Documentos de Priscilla*, 30 de julio de 2019, https://www.cbeinternational.org/resource/article/priscilla-papers-academic-journal/maria-beulah-woodworth-etter-trance-evangelist.
47. María Woodworth-Etter, *Señales y maravillas* (New Kensington, PA: Whitaker House, 1997), 9.
48. Fraser, "Maria Beulah Woodworth Etter".

> Dios... me dio el ministerio de la sanidad. Me mostró que debía imponer las manos sobre los enfermos y orar por su recuperación. La primera persona sobre la que públicamente puse mis manos y por la que oré fue sanada instantáneamente de una enfermedad incurable y se convirtió en un maravilloso obrero cristiano en las reuniones. Esto me dio esperanza y valor. En mi ministerio he orado por cientos y miles de personas. Casi innumerables personas de todos los ámbitos de la vida han sido sanadas de todo tipo de enfermedades a las que es susceptible la humanidad. La sanidad del cuerpo, así como la salvación del alma, forman parte de la redención y pertenecen al evangelio. Nunca deben separarse. He viajado muchas veces por el continente y he predicado a miles de personas en todas las grandes ciudades de este país. Aunque siempre fui débil en lo natural, siempre seguí por donde el Espíritu me guiaba y confié en Él para recibir la unción cada vez que la necesitaba. Nunca me ha abandonado. Él me mantiene bajo la unción y me hace tan audaz como un león para dar testimonio de mi Maestro.[49]

EL AVIVAMIENTO DE GALES

En su libro *Defining Moments* [Momentos decisivos], Bill Johnson y Jennifer Miskov describen el impacto del Avivamiento de Gales y cómo Dios usó a Evan Roberts para ayudar a encender este despertar:

> El Avivamiento de Gales (1904–1905) fue un derramamiento extraordinario y único del Espíritu Santo marcado por rápidas conversiones masivas y un cambio social significativo. En solo unos meses, un avivamiento espiritual provocó la transformación de la ciudad, un gran cambio social y el fuego del Espíritu Santo que se extendió a, o fue precursor de, otros grandes movimientos de Dios. Este avivamiento se caracterizó por reuniones en las que los cantos, declaraciones y oraciones se producían de forma espontánea cuando los miembros de la congregación seguían la dirección del Espíritu Santo. A medida que un gran número de personas se

49. María Woodworth-Etter, *El Espíritu Santo* (New Kensington, PA: Whitaker House, 1998), 13–14.

sometía al señorío y a la dirección del Espíritu Santo, todo un país fue puesto de cabeza.

Un hombre que había estado orando por avivamiento durante más de diez años tuvo el privilegio de ayudar a encender esta llama. Evan Roberts (1878–1951) pasó gran parte de su vida construyendo una historia personal con Dios. A los veinticinco años, tuvo varios encuentros con el Señor que lo posicionaron para entrar en su llamado. Durante la primavera de 1904, Dios le despertó temprano por la mañana durante tres meses seguidos. Después de viajar para asistir a la escuela ministerial en el otoño de 1904, se "doblegó" ante el Señor durante una reunión en Blaenannerch. Si bien esto significó su momento decisivo, no fue completamente "activado" hasta un mes después, cuando respondió inmediatamente a la guía del Espíritu Santo y regresó a casa. Al dar un paso de fe, su unción fue activada de una manera nueva.[50]

Estas y muchas otras manifestaciones del Espíritu Santo ocurrieron a medida que se desarrollaba el avivamiento:

- [La gente] lloraba de remordimiento.
- La oración y la alabanza duraban horas, continuando hasta la mañana siguiente.
- La gente comenzó a profetizar.
- Cuando la convicción y el temor de Dios venían [sobre la gente], las bebidas permanecían intactas en las tabernas.
- Ola tras ola del Espíritu Santo afectó a la sociedad... La obsesión por las apuestas y los juegos de azar prácticamente desapareció. En esta visitación, parecía que nadie estaba interesado en distraerse en los deportes u otros entretenimientos de su tiempo, porque la gente ahora estaba apasionada por el Señor... Las cartas que se enviaban unos a otros parecían llevar la presencia misma del Señor; cuando eran leídas por personas no salvas, [esas personas] se salvaban, y un mover del Espíritu Santo comenzaba en ellos también.

50. Johnson y Miskov, *Momentos decisivos*.

- Se enfatizó la santidad y la obediencia, [el pueblo] siempre deseaba exaltar y dar gloria al nombre de Jesús.[51]

El avivamiento se extendió a través de Gales y, en seis meses, se salvaron 100,000 personas. Este avivamiento llevó a los cristianos de muchos otros países a orar y buscar a Dios, y hubo avivamientos en Gran Bretaña, Estados Unidos, Escandinavia, Alemania, Austria, Polonia, Eslovaquia, Hungría, los Balcanes y Rusia.[52]

EL AVIVAMIENTO DE LA CALLE AZUSA

Como si fuera un movimiento telúrico, la onda expansiva del avivamiento de Gales llegó a los Estados Unidos y removió los cimientos de la sociedad estadounidense. A principios del siglo XX, con el avivamiento de la calle Azusa (1906–1915) en Los Ángeles, California, nació el movimiento pentecostal, tras una sucesión de avivamientos locales que empezaron el año anterior. El avivamiento de la calle Azusa llevó a los cristianos a volverse completamente a la oración, y el Espíritu Santo descendió. La oración, la convicción de pecado y las conversiones ocurrían espontánea y continuamente, trayendo un crecimiento inusual a la iglesia.

Durante los tres años siguientes, hubo que celebrar servicios diarios debido a la cantidad de visitantes que acudían a recibir la llenura del Espíritu. Nadie imaginaba que este sería el comienzo del mayor y más eficaz movimiento que el mundo haya visto jamás. Más de un siglo después, el movimiento pentecostal/carismático sigue creciendo. Probablemente ningún país en el mundo ha quedado excluido de los efectos de este notable avivamiento. Los resultados han sido extraordinarios: cientos de miles de personas se han convertido al Señor y han sido bautizadas en el Espíritu Santo.[53]

---

51. "El avivamiento en Azuza y Gales", Unción de lo alto, https://unciondeloalto.jimdofree.com/los-avivamientos-20/el-avivamiento-en-azuza-y-gales/. Este sitio web enumera muchas otras manifestaciones del Espíritu Santo en el Avivamiento de Gales.
52. "Panorama de los avivamientos", Biblioteca de avivamientos.
53. Tony Cauchi, "William Seymour y la historia del avivamiento de la calle Azusa", Biblioteca del avivamiento, https://www.revival-library.org/revival_heroes/20th_century/seymour_william.shtml; "Avivamiento de la calle Azusa", Biblioteca del avivamiento, https://www.revival-library.org/revival_histories/pentecostal/american/azusa.shtml.

El avivamiento de la calle Azusa fue liderado por William J. Seymour, un predicador afroamericano que comenzó sus reuniones con un pequeño grupo de su iglesia. Este movimiento se caracterizó por experiencias espirituales continuas y novedosas en las que abundaron los milagros. Era común ver a las personas recibiendo el bautismo en el Espíritu Santo con la evidencia de hablar en lenguas. Pronto, los blancos comenzaron a unirse a este movimiento que rápidamente se convirtió en multirracial, algo que era raro en los Estados Unidos debido a la discriminación racial. Los medios de comunicación seculares y los teólogos cristianos criticaron duramente el comportamiento de las personas en las reuniones. Sin embargo, hoy en día, el aviamiento de la calle Azusa es "considerado por los historiadores como el principal catalizador para la difusión del pentecostalismo en el siglo XX".[54]

Muchas veces, los servicios de avivamiento duraban de diez a doce horas. Los miembros de la congregación podían objetar durante un sermón si no sentían que el mensaje de un predicador en particular estaba inspirado por el Espíritu.[55] Sin embargo, el conocido avivalista de sanidad John G. Lake dijo esto sobre Seymour:

> Había médicos, abogados y profesores que escuchaban las cosas maravillosas que salían de sus labios. No fue lo que dijo con palabras, fue lo que dijo de su espíritu a mi corazón lo que me mostró que tenía más de Dios en su vida que cualquier hombre que hubiera conocido hasta ese momento. Era Dios en él lo que atraía a la gente.[56]

El autor y evangelista Frank Bartleman (1871–1936), quien escribió un relato del avivamiento de la calle Azusa, enfatizó la importancia de la "preparación del corazón" para el avivamiento:

> Siempre hay mucha necesidad de preparación del corazón, en humildad y separación, antes de que Dios pueda venir consistentemente. La profundidad de cualquier avivamiento estará

54. "El avivamiento de la calle Azusa: 1906–1908", Archivos Apostólicos Internacionales, Inc., https://www.apostolicarchives.com/articles/article/8801925/173190.htm.
55. "El avivamiento en Azuza y Gales", https://unciondeloalto.jimdofree.com/los-avivamientos-20/el-avivamiento-en-azuza-y-gales/.
56. Cauchi, "William Seymour y la historia del derramamiento de la calle Azusa".

determinada por el espíritu de arrepentimiento que se logre. De hecho, esta es la clave de todo verdadero avivamiento nacido de Dios.[57]

George O. Wood, presidente de la Fraternidad Mundial de las Asambleas de Dios, escribió un artículo titulado "Lo que Azusa tenía y nosotros necesitamos". Enumeró las siguientes cualidades de los hombres y mujeres que vivieron la experiencia de la calle Azusa:

- Gran hambre por Dios
- Gran amor el uno por el otro
- Compromiso con la Biblia como la Palabra de Dios
- Dedicación a la evangelización y las misiones bajo el empoderamiento del Espíritu
- Comprometidos a restaurar la iglesia del Nuevo Testamento

George Wood concluyó su artículo con esta declaración: "¡Que Dios obre entre nosotros de tal manera que la calle Azusa solo sea una lluvia comparada con lo que Él hará al dar la lluvia tardía en los años que tenemos por delante, si Jesús retrasa su regreso!".[58]

AVIVAMIENTO EN LA INDIA

Algunas personas asumen que el avivamiento en la India vino después de los avivamientos en Gales y Los Ángeles, California, pero Dios ya estaba trabajando en los corazones de la gente de la India. El Centro de Investigación Pew ofrece estos antecedentes de los avivamientos de la India en el siglo XIX y principios del XX:

> Los avivamientos en el sur de la India en las décadas de 1860 y 1870 se caracterizaron por los dones carismáticos, incluida la glosolalia, o el hablar en lenguas. Estos avivamientos prepararon el escenario para los avivamientos pentecostales en la India a principios de siglo. En enero de 1905, misioneros y cristianos indígenas,

57. Frank Bartleman, *La calle Azusa: Testimonio del nacimiento del avivamiento pentecostal* (New Kensington, PA: Whitaker House, 1982), 10.
58. George O. Wood, "Lo que Azusa tenía y nosotros necesitamos", 8 de abril de 2016, Asambleas de Dios, https://news.ag.org/en/Features/What-Azusa-Had-and-We-Need.

> bajo el liderazgo del converso brahmán Pandita Ramabai, se reunieron en el oeste de la India (actual Maharashtra) para orar "por un derramamiento especial del Espíritu Santo sobre todos los cristianos de todas las tierras".[59]

Aunque la historia del avivamiento de la India de 1905 es muy extensa, a continuación se exponen algunos aspectos destacados del inicio de este avivamiento, las condiciones que se cumplieron para el mismo y las manifestaciones que se produjeron posteriormente.

> [El avivamiento en la India] precedió al de la calle Azusa. Pandita Sarasvati Ramabai (1858–1922), la mujer india más famosa, cristiana, reformista, traductora de la Biblia y activista social, y en particular el movimiento de avivamiento en su misión, tuvieron un papel importante en el surgimiento del pentecostalismo en todo el mundo. Ramabai es significativa tanto en los orígenes del pentecostalismo como en la aceptación de esta corriente por parte de la comunidad cristiana en general...
>
> ...Después de enterarse del avivamiento de Gales y un avivamiento llevado a cabo por R.A. Torrey en Australia, envió a Manoramabai y Minnie Abrams a Australia en 1904 para observar lo que se necesitaba, y volvieron con la convicción de que orar y "poner la vida" eran necesarios para el avivamiento. Como resultado de su visita, en enero de 1905 Ramabai instituyó una reunión especial de oración diaria, temprano en la mañana, en la que setenta mujeres se reunían y oraban, en sus propias palabras, "por la verdadera conversión de todos los cristianos indios, incluidas nosotras mismas, y por un derramamiento especial del Espíritu Santo sobre todos los cristianos de todas las tierras". El número de asistentes a esta reunión diaria de oración aumentó gradualmente a quinientos. En julio de 1905, como escribió dos años más tarde, "el Señor envió por gracia un avivamiento del Espíritu Santo entre nosotros, y también en muchas escuelas e iglesias de este país". ...El avivamiento duró un año y medio y dio como resultado 1,100 bautismos de niñas en

59. "Perspectiva general: El pentecostalismo en Asia", Centro de Investigación Pew, Washington, D.C., 5 de octubre de 2006, https://www.pewforum.org/2006/10/05/overview-pentecostalism-in-asia/.

las escuelas, confesiones de pecados y arrepentimientos, reuniones de oración prolongadas y el testimonio de unas setecientas de estas niñas en equipo, dentro de las áreas circundantes...

El primer informe sobre el avivamiento en la India titulado "Pentecostés en la India" fue publicado en el tercer número de *The Apostolic Faith* [La Fe Apostólica] en Los Ángeles. Esto vino de *India Allience* [Alianza India], un periódico de la Alianza Cristiana y Misionera en la India:

> Llegan noticias de la India de que el bautismo en el Espíritu Santo y el don de lenguas está siendo recibido allí por nativos que simplemente son enseñados por Dios. El Alianza India dice: "Algunos de los dones de los que apenas se ha oído hablar en la iglesia durante muchos siglos, ahora están siendo dados por el Espíritu Santo a miembros sencillos e iletrados del cuerpo de Cristo, y las comunidades están siendo conmovidas y transformadas por la maravillosa gracia de Dios. La sanidad, el don de lenguas, visiones y sueños, el discernimiento de espíritus, el poder de profetizar y de hacer la oración de fe, todo ello tiene cabida en el presente avivamiento". ¡Aleluya! Dios está enviando el Pentecostés a la India.[60]

AVIVAMIENTO EN COREA

A principios del siglo XX también se produjeron dos avivamientos en Corea: el Movimiento de Avivamiento Wonsan (1903–1906) y el Gran Avivamiento de Pyongyang (1907–1910). Las misioneras metodistas Mary Culler White y Louise Hoard McCully comenzaron a reunirse para orar, y su dedicación atrajo a otros misioneros a unirse a ellas. Estas misioneras, junto al misionero Dr. Robert A. Hardie, organizaron una conferencia en Wonsan, donde el Espíritu Santo fue derramado como fuego, trayendo un avivamiento que creció gradualmente.

---

60. Allan Anderson, "Pandita Ramabai, el Renacimiento Mukti y el Pentecostalismo global," *Transformation* 23:1, enero de 2006, 37, 39–40, https://journals.sagepub.com/doi/pdf/10.1177/026537880602300106.

Durante tres años, el Dr. Hardie fue invitado a celebrar reuniones de avivamiento en diversas áreas. Se le pidió que hablara en la iglesia Gaesung, donde lloró y confesó su pecado diciendo: "Mi alma ha sido restaurada, arrepiéntanse, confiesen sus pecados para que sean limpiados de todos sus pecados y se conviertan en verdaderos creyentes ante el Señor. ¡Su fe será renovada!" El Dr. Hardie visitó diez centros misioneros en toda Corea y dio charlas de oración; y durante 1904, ¡10,000 coreanos se volvieron a Dios durante un tiempo de avivamiento! Fue ese mismo año que estalló la guerra ruso-japonesa, por lo que Corea (especialmente Pyongyang) fue invadida por tropas japonesas. El avivamiento que se había iniciado continuó con fuerza y resultados espirituales hasta mediados de 1906.[61]

En 1907, comenzó la segunda ola de este avivamiento, el gran avivamiento de Pyongyang. "Pyongyang... era conocida como una ciudad de vino, mujeres y canciones". Era una ciudad oscura donde reinaba el pecado; incluso tenía su propia escuela de formación de geishas.[62] Durante la guerra, el gobierno confinó a los misioneros estadounidenses a Pyongyang. Reunidos para recibir el favor y el poder de Dios, estos misioneros buscaron al Señor, confesaron sus pecados y se arrepintieron, y oraron por arrepentimiento y avivamiento también para los coreanos. Durante los meses siguientes, grupos de misioneros y coreanos oraron por avivamiento. Luego, en enero de 1907, durante las reuniones de una conferencia de capacitación bíblica con 1,500 asistentes, algunos de los cuales viajaron cien millas para estar allí, la gente confesó sus pecados y el Espíritu Santo comenzó a fluir como un río. El misionero William Blair dijo que, en un momento dado, "parecía como si el techo del edificio se levantara y el Espíritu de Dios descendiera del cielo en una poderosa avalancha de poder sobre nosotros". El avivamiento trajo también convicción a algunos de los soldados japoneses. La sociedad de Pyongyang comenzó a cambiar; llegó a ser conocida como la "Jerusalén de Oriente". En 1910, Blair declaró: "En toda Corea hoy en

61. "Avivamientos coreanos", Por Faith Media, https://www.byfaith.co.uk/paul20102.htm. Información de este artículo de Mathew Backholer, *Avivamiento Global – Derramamientos Mundiales: Cuarenta y tres visitas del Espíritu Santo* (Por Faith Media, 2010).
62. "Avivamientos coreanos".

día hay no menos de 250,000 cristianos adorando a Dios en más de 2,000 lugares".[63]

La iglesia coreana también experimentó un gran crecimiento en décadas posteriores.

> A medida que la iglesia coreana crecía de forma explosiva en la década de 1970, una congregación atraía la atención de las iglesias del mundo. Esa iglesia es Yoido Full Gospel Church (YFGC) [Iglesia del Evangelio Completo de Yoido], fundada por David Yonggi Cho. Esta iglesia tenía la mayor congregación del mundo, con 755,000 miembros a finales de 2007. Cho fundó la YFGC en 1958... Muchos consideran que la YFGC es la base del movimiento pentecostal en Corea.
>
> ...La manifestación más sobresaliente del poder de Dios en la iglesia de Cho fue la sanidad divina. Muchos fueron sanados de diversas enfermedades. Los sermones de Cho penetraron en las vidas de los habitantes de los barrios marginales de la ciudad. La sanidad divina y el bautismo del Espíritu fueron las fuerzas que impulsaron el crecimiento de la iglesia. El crecimiento explosivo de YFGC no solo se debió a la sanidad divina, sino también a que los miembros que fueron transformados por el poder de Dios salieron y predicaron la palabra de Dios a los demás.[64]

Hoy en día, la Iglesia del Evangelio Completo de Yoido tiene una membresía cercana a los 800,000.

AVIVAMIENTO EN TULSA, OKLAHOMA, EE. UU.

Cuando tenía diecisiete años, Oral Roberts (1918–2009) fue sobrenaturalmente sanado de tuberculosis. Después de servir como pastor, en 1947, celebró su primera reunión pública de sanidad y estableció la Asociación Evangelística Oral Roberts en Tulsa, Oklahoma.[65] Roberts comenzó su ministerio itinerante usando enormes tiendas de campaña, que reunían a multitud de personas "para escuchar su dinámica

---

63. "Avivamientos coreanos".
64. Young-hoon Lee, *El Movimiento del Espíritu Santo en Corea: su desarrollo histórico y teológico* (Eugene, OR: Wipf & Stock, 2009), 93, 95.
65. "Nuestra historia", Ministerios Oral Roberts, https://oralroberts.com/our-history/.

predicación y experimentar la imposición de manos y la expulsión de demonios".[66] En 1951, durante un avivamiento de dieciséis días en Tulsa, un hombre paralítico fue sanado. Roberts llevó a cabo reuniones de sanidad en todo el mundo, diciendo que él era simplemente un "punto de contacto para ayudar a las personas a desatar su fe" para ser sanados por Dios.[67]

> La prédica de la Palabra era fundamental en las enseñanzas de Roberts sobre la sanidad. Para él, la fe en la sanidad está directamente relacionada con escuchar la Palabra de Dios. Era un predicador muy dinámico. Sus prédicas que agitaban la fe en las cruzadas preparaban a la gente para la sanidad... [La gente] hacía cola para que Roberts orara por cientos de personas mientras él oraba como un hombre cuya existencia dependía del resultado de sus oraciones. Declaraba su propia fe en Dios mientras oraba por cada persona. Cualquiera que vea los viejos casetes/videos en blanco y negro de las cruzadas será testigo de un hombre compasivo que se conmovía ante las dolencias que encontraba.[68]

En 1955, Roberts fue pionero en la transmisión de sus reuniones de sanidad en la televisión. Y, en 1961, anunció que Dios le había comunicado que debía crear una universidad basada en la autoridad del Señor y el Espíritu Santo. Compró acres de tierra para este propósito, y la Universidad Oral Roberts abrió sus puertas en 1965. Roberts también desarrolló otros ministerios, como el de la oración por teléfono, en el que "se han respondido más de 28 millones de llamadas de oración".[69] Hoy, Ministerios Oral Roberts continúa el legado del evangelista con un ministerio multifacético.

---

66. Debbie Jackson y Hilary Pittman, "Rememorando a Tulsa: De un ministerio de carpas, Oral Roberts construyó una universidad", *Tulsa World*, 20 de agosto de 2015, https://www.tulsaworld.com/news/local/history/throwback-tulsa-from-tent-ministry-oral-roberts-built-a-university/article_ffcd9306-b102-5310-9898-912b79506204.html.
67. Jackson y Pittman, "Rememorando a Tulsa".
68. Thomson Mathew, "La teología de sanidad de Oral Roberts: Un viaje desde la 'sanidad divina' pentecostal hasta las 'señales y maravillas' carismáticas y la 'sanidad integral de la persona' empoderada por el Espíritu", *Spiritus: ORU Journal of Theology* 3, no. 2 (2018), 310, https://digitalshowcase.oru.edu/spiritus/vol3/iss2/13.
69. "Nuestra Historia", Ministerios Oral Roberts; Debbie Jackson y Hilary Pittman, "Rememorando a Tulsa".

AVIVAMIENTO EN ÁFRICA ORIENTAL

Después de una gran hambruna en Ruanda, África Oriental, el Dr. Joe Church, un misionero de Gran Bretaña, y Simeoni Nsibambi, de Uganda, se reunieron un día y comenzaron a hablar sobre asuntos espirituales. Después de orar y estudiar la Biblia juntos, se consagraron a santificar sus vidas ante Dios. Esto llevó a un avivamiento en el que las personas fueron salvadas y los cristianos confesaron sus pecados y se perdonaron unos a otros.[70]

El avivamiento de África Oriental (de 1930 hasta el presente) ha cruzado las líneas denominacionales y las fronteras nacionales; después se trasladó a Kenia y Tanzania:

> Este avivamiento evangélico fue posiblemente el movimiento de renovación espiritual africano más famoso e influyente del siglo XX. Comenzó dentro de la Iglesia Anglicana de Uganda a través de una notable asociación entre Joe Church y varios evangelistas ugandeses, y rápidamente se extendió a las iglesias presbiterianas y metodistas de Kenia y a las iglesias menonita y luterana de Tanzania durante los años 1940 y 1950.[71]

Aquellos que participaron en el avivamiento se enfocaron en Cristo y en Su poder para salvar:

> Los temas primordiales de las diversas reuniones de avivamiento y convenciones de Keswick fueron el mensaje del pecado, el arrepentimiento y el perdón por la sangre de Cristo. Se decía que Joe Church y sus compañeros evangelistas solo predicaban a Cristo y a este crucificado. Incluso ante la poderosa presencia del Espíritu Santo, creían firmemente que "el Espíritu Santo glorifica a Jesús y nos remite a la Sangre de Cristo para que nos limpie cuando lo hayamos ofendido en el camino"... El avivamiento era un movimiento

70. Michael Harper, "Nuevo Amanecer en África Oriental: El Avivamiento de África Oriental", *El cristianismo hoy*, https://www.christianitytoday.com/history/issues/issue-9/new-dawn-in-east-africa-east-african-revival.html.
71. "Church, John Edward (1899–1989): Líder prominente del avivamiento de África Oriental", Escuela de Teología de la Universidad de Boston, https://www.bu.edu/missiology/missionary-biography/c-d/church-john-edward-1899-1989/.

netamente Cristo céntrico que enfatizaba el poder salvador y la gracia de Jesucristo.[72]

A partir de 2006, había 147 millones de cristianos pentecostales y carismáticos en África, el 17 por ciento de la población.[73] Actualmente, el impacto del avivamiento de África Oriental sigue vivo: "Sus efectos han sido más duraderos que casi cualquier otro avivamiento en la historia, de modo que hoy en día no hay un solo líder protestante en África Oriental que no haya sido tocado por él de alguna manera".[74]

AVIVAMIENTO EN PENSACOLA, FLORIDA, EE. UU.

"El hambre por Dios, el amor por Su pueblo y un corazón por las misiones caracterizaron a la nueva Asamblea de Dios de Brownsville" en Pensacola, Florida, cuando esta comenzó en 1939 con solo veinte miembros.[75] Para 1943, la congregación había triplicado su tamaño y, siguiendo una profecía, los miembros se dedicaron a construir un santuario más grande con una visión misionera. La membresía continuó creciendo exponencialmente, lo que hizo necesario construir santuarios cada vez más grandes. La iglesia desarrolló un ministerio de oración, un programa de radio y programas misioneros; también ofreció programas educativos cristianos con cursos de escuela secundaria y de universidad bíblica.

A lo largo de los años, Brownsville se hizo conocida como una iglesia de integridad, donde se predicaba la santidad, la oración y el alcance a las naciones. Dirigida por el pastor John Kilpatrick, Brownsville comenzó a orar por el avivamiento en 1993. El Día del Padre de 1995, el evangelista Steve Hill compartió con la congregación sobre su reciente encuentro con el Espíritu Santo en una iglesia en Inglaterra. Cuando Hill invitó a la congregación a orar, Dios "derramó Su Espíritu en una visitación

72. "Church, John Edward", Escuela de Teología de la Universidad de Boston.
73. "Panorama general: El pentecostalismo en África", Centro de Investigaciones Pew, Washington, D.C., 5 de octubre de 2006, https://www.pewforum.org/2006/10/05/overview-pentecostalism-in-africa/.
74. Harper, "Un nuevo amanecer en África Oriental: El avivamiento de África Oriental".
75. "Honrando nuestro pasado", Iglesia de Brownsville, https://brownsville.church/about-us/history.

asombrosa.[76] Este avivamiento fue llamado el Derramamiento de Pensacola o el Avivamiento de Brownsville (1995–2000).

Durante los meses siguientes, la Asamblea de Dios de Brownsville celebró un servicio tras otro, y los asistentes apenas tenían tiempo para dormir o trabajar unas horas antes de regresar. Las noticias del avivamiento se extendieron a nivel local, nacional y luego por todo el mundo.[77] A lo largo de los años, "las reuniones atrajeron a más de cuatro millones de personas de más de 150 naciones".[78]

El liderazgo de la iglesia diseñó cuatro servicios semanales de avivamiento y, con la ayuda de otras iglesias locales, Brownsville acogió a la multitud de visitantes que, año tras año, llegaban hambrientos de Dios. "Cientos de miles de personas han respondido a su llamado a la salvación y al compromiso con la santidad, y en todo el mundo ha surgido una nueva carga por la santidad y una nueva intimidad con Dios".[79] Muchas personas se mudaron a Pensacola para vivir en una atmósfera continua de la presencia de Dios. En enero de 1997, la iglesia abrió la Escuela del Ministerio de Avivamiento de Brownsville para capacitar nuevos creyentes.[80]

En el Avivamiento de Pensacola, de nuevo vemos que debemos cumplir ciertas condiciones para que venga el avivamiento. Según la Iglesia de Brownsville, el "trabajo preliminar" que preparó el camino para este notable avivamiento incluyó enseñanza, oración profunda, Santa Cena semanal y preparación de la atmósfera espiritual.[81]

AVIVAMIENTO EN TORONTO, CANADÁ (LA BENDICIÓN DE TORONTO)

En 1986, John y Carol Arnott sintieron el llamado de Dios para plantar una iglesia en Toronto. En 1988, comenzaron los servicios dominicales a los que asistían los miembros de los pequeños grupos que habían organizado para orar y estudiar la Biblia. La iglesia creció, y John y Carol estaban

---

76. "Honrando nuestro pasado", Iglesia de Brownsville.
77. "Honrando nuestro pasado", Iglesia de Brownsville.
78. Jennifer LeClaire, "Steve Hill fallece después de una vida de milagros", *Charisma*, 10 de marzo de 2014, https://www.charismanews.com/us/43062-steve-hill-passes-away-after-miraculous-life.
79. "Honrando nuestro pasado", Iglesia de Brownsville.
80. "Honrando nuestro pasado", Iglesia de Brownsville.
81. "Honrando nuestro pasado", Iglesia de Brownsville.

ocupados ministrando gente, pero sentían que estaban espiritualmente secos y necesitaban algo más. "Nos... dimos cuenta de que nos habíamos quedado secos ministrando a diario, dando consejería y haciendo sanidad interior y liberación con las personas. La gente crecía y maduraba, pero tomaba varios años para que fueran realmente libres por dentro".[82]

Los Arnott se comprometieron con la oración, la adoración y la lectura de la Biblia, y se conectaron con otros líderes cristianos a través de los cuales se manifestaba el poder del Espíritu Santo. Uno de esos líderes fue Randy Clark, a quien invitaron a predicar en su iglesia.[83] Los Arnott y Randy Clark buscaban a Dios, pero recibieron aún más de lo que habían anticipado:

> Arnott lo invitó [a Clark] a venir a predicar cuatro reuniones en el entonces Toronto Airport Vineyard. Clark llegó el 20 de enero de 1994 y lo inesperado sucedió a las 120 personas ahí reunidas. Como informa Arnott: "No se nos había ocurrido que Dios organizaría una fiesta masiva en la que la gente se reiría, rodaría por el piso, lloraría y sería tan empoderada que las heridas emocionales de la infancia se desvanecerían".[84]
>
> Este avivamiento conocido como la Bendición de Toronto comenzó en la iglesia de John y Carol Arnott al lado del aeropuerto de Toronto, donde el orador invitado Randy Clark estaba ministrando. De repente, el Espíritu Santo se apoderó del servicio. Esto se repitió poderosamente día tras día durante más de una docena de años, atrayendo a personas curiosas y espiritualmente hambrientas de todo el mundo.[85]

---

82. John Arnott, "La bendición de Toronto: ¿Qué es?" *Revival Magazine*, 31 de diciembre de 1999, publicado en el sitio web *John y Carol*, http://www.johnandcarol.org/updates/the-toronto-blessing-what-is-it.
83. Arnott, "La bendición de Toronto: ¿Qué es?"
84. Margaret M. Poloma, "La bendición de Toronto", Instituto de investigación religiosa de Hartford, http://www.hartfordinstitute.org/research/pentecostalism_polomaart8.html.
85. Paul Strand, "La bendición de Toronto: 'Lo más grande que ha pasado en la iglesia en los últimos 100 años'", CBN News, 22 de junio de 2018, https://www1.cbn.com/cbnnews/world/2018/june/toronto-blessing-the-greatest-thing-thats-happened-in-the-church-in-the-last-100-years.

En 1994 la revista *Toronto Life* la consideró la principal atracción turística de la ciudad. En los años siguientes, la asistencia se multiplicó por millones.[86]

Lo que "comenzó con un solo servicio"[87] en una ciudad de Canadá se convirtió en una bendición mundial del Padre celestial.

Muchos de los que experimentaron las señales, las maravillas y los milagros de la Bendición de Toronto descubrieron que esas mismas señales, maravillas y milagros los siguieron a casa... cuando regresaron a sus propias congregaciones.[88]

Para estos buscadores de Dios, "hogar" significaba las naciones de la tierra. Esto permitió que el avivamiento tuviera un impacto mundial: "Los visitantes y conferencistas itinerantes han llevado ahora el fuego... a decenas de países en todos los continentes".[89]

AVIVAMIENTO EN CHINA

En las últimas décadas, la iglesia en China ha experimentado un tremendo avivamiento y crecimiento en número. El autor Eugene Bach, quien ha trabajado con la iglesia subterránea en China durante muchos años, explica:

> Existe consenso general de que el avivamiento en China es uno de los más grandes del mundo.
>
> ...Basándome en investigaciones y observaciones de mi propia organización, *Regreso a Jerusalén*, estimo que el número de creyentes en China es hoy de más de 150 millones.
>
> Independientemente de las cifras concretas, se puede establecer de forma convincente el argumento de que China está experimentando un avivamiento masivo, y lo ha hecho durante las últimas

86. Bill Sherman, "El pastor de la iglesia que organizó un avivamiento de 12 años hablará el domingo en Broken Arrow", *Tulsa World*, 23 de noviembre de 2017, https://tulsaworld.com/news/local/pastor-of-church-that-hosted-12-year-revival-to-speak-sunday-in-broken-arrow/article_d4b7f492-bb2e-56ff-bbae-14b697986805.html.
87. Sherman, "El pastor de la iglesia que organizó un avivamiento de 12 años."
88. Strand, "La bendición de Toronto".
89. Poloma, "La bendición de Toronto".

cuatro décadas, y que este avivamiento podría ser un indicador —uno de los muchos otros indicadores— que apunta a la segunda venida de Cristo.[90]

Uno de los resultados más significativos de este avivamiento ha sido el compromiso de los cristianos chinos de cumplir con la Gran Comisión.

El incipiente movimiento misionero de China nació en una iglesia que es mayormente desconocida para la gente en el mundo. Todavía hay una gran confusión sobre lo que Dios está haciendo detrás de la Cortina de Bambú, pero no es drásticamente diferente de otros movimientos de Dios en la historia. A diferencia de los anteriores movimientos misioneros en Occidente, el aumento de la actividad misionera de China ha nacido de los focos de avivamiento. Hay muchas similitudes entre los avivamientos en China y los que han tenido lugar alrededor del mundo en la historia reciente. Una de ellas es una intensa pasión por el evangelismo global que ha provocado múltiples esfuerzos misioneros.[91]

Los misioneros chinos nacidos del avivamiento tienen un propósito cada vez más orientado. Un líder chino enfatizó:

¡En 2010, hemos visto que se ha producido un enorme avivamiento en toda China. Estuve allí en la década de 1980, cuando China comenzó sus famosos días de avivamientos masivos, pero les digo que este avivamiento es aún más fuerte. Este avivamiento espiritual está sucediendo en todas partes, y hemos recibido una visión clara de Dios.

Antes, nuestro objetivo era capacitar a los misioneros en idiomas y habilidades interculturales, pero muchos de los misioneros que habían sido entrenados no podían ir porque se sentían demasiado débiles e incapaces. Los misioneros llevan años formándose en toda China, pero la mayoría de ellos nunca habían tenido una

90. Eugenio Bach, *China y la profecía de los últimos tiempos: Cómo Dios está usando al Dragón Rojo para cumplir Sus propósitos finales* (New Kensington, PA: Whitaker House, 2021), 22, 24.

91. Eugenio Bach, *La iglesia subterránea* (New Kensington, PA: Whitaker House, 2015), 38.

visión clara de hacia dónde dirigirse en el mundo musulmán, budista y comunista.

Ahora tenemos reuniones de oración donde Dios nos está hablando claramente y nos dice adónde ir. Dios está enviando gente específicamente a las fronteras occidentales y a los grupos minoritarios...

Ahora, los creyentes de toda China están viendo visiones como las que tuvo el apóstol Pablo. Estas visiones son de personas específicas, en países específicos, que hablan idiomas específicos.[92]

Como dice Eugene Bach, la visión de la iglesia subterránea china, a la que llaman "De vuelta a Jerusalén", es simplemente esta: "completar la Gran Comisión y ver el regreso de Jesucristo".[93]

AVIVAMIENTO EN MIAMI, FLORIDA, EE. UU.

En esta sección quiero compartir con ustedes más sobre el avivamiento que he experimentado, y sigo experimentando en mi propio ministerio, así como la forma en que el Ministerio El Rey Jesús está apoyando a los impactados por el aviamiento. A finales del siglo XX y principios del XXI, la ciudad de Miami era conocida como "el cementerio de los pastores". Parecía haber poca vida espiritual en las iglesias. Las congregaciones no querían crecer más allá de doscientos miembros porque la gente tenía miedo a ser presa de la división interna o los dolores del crecimiento. Pero el plan de Dios era provocar tal avivamiento en medio de esta condición espiritual letárgica.

Dios me ha llamado a traer Su poder sobrenatural a esta generación y dejar un legado espiritual en la tierra. Él está haciendo esto a través de un avivamiento continuo de lo sobrenatural en el Ministerio El Rey Jesús, sus sedes y sus iglesias hijas, así como en aquellos a quienes impactamos a través de nuestro ministerio. Mi ministerio pastoral comenzó en 1996, después de nueve años como evangelista itinerante en Centro y Suramérica. Un día reuní a diez personas en la sala de mi casa para buscar apasionadamente la presencia de Dios, sin saber todo lo que el Señor planeaba hacer. Su unción

92. Bach, *La iglesia subterránea*, 246–247.
93. Bach, *China y la profecía de los últimos tiempos*, 5.

comenzó a acompañarnos, y la gente comenzó a dar testimonios de milagros poderosos. En tres meses, nuestro grupo había aumentado a cuarenta personas, así que nos mudamos a otro lugar, el cual pronto se llenó, por lo que tuvimos que remodelar. El Espíritu Santo se estaba manifestando con gran poder, y estábamos experimentando tanto crecimiento que el espacio remodelado, que podía acomodar a 250 personas, pronto quedó demasiado pequeño también.

Para entonces, Dios nos había mostrado que la liberación era un arma espiritual que Él nos había dado para sacar cientos de vidas de la esclavitud del pecado y para romper la maldición en las iglesias de la ciudad. El Espíritu Santo comenzó a operar un avivamiento sin precedentes en medio de nosotros. Solo un año después, nuestra asistencia aumentó a más de 650 personas. A ese ritmo de crecimiento, incluso cuatro servicios los domingos por la mañana no eran suficientes para acomodar a tal cantidad de personas. Así que, en diciembre de 1999, compramos un edificio con capacidad para 1,500 personas. A medida que el avivamiento continuaba, el Señor nos trajo sabiduría, revelación, milagros, liberación y multiplicación. Dios nos estaba usando para construir Su reino, y Él nos estaba guiando paso a paso, aumentando Su presencia y llevándonos de un nivel de gloria a otro.

Pronto, incluso en el nuevo edificio, llegamos a un punto de crecimiento en el que, aunque ofrecíamos cuatro servicios generales, no podíamos dar cabida a las más de 5,000 personas que asistían semanalmente. Para hacer frente a esta situación, compramos un terreno cerca de un aeropuerto —como se nos había profetizado— para construir nuestro propio edificio de la iglesia, y así poder atender nuestras necesidades ministeriales únicas. A medida que construíamos este edificio, la iglesia crecía a 8,000 miembros, ¡por lo que incluso seis servicios semanales no fueron suficientes! Cientos de personas que acudían a los servicios dominicales se daban por vencidas y se iban a casa porque les era imposible encontrar estacionamiento, ni espacio para ellos en el salón principal o en las salas adicionales donde se transmitía el servicio a través de circuito cerrado de televisión.

En solo dos años, terminamos la construcción de un edificio de 100,000 pies cuadrados, con un santuario que puede albergar a 7,000 personas, además de oficinas y salas para llevar a cabo diversos programas de alcance ministerial. ¡Ahora teníamos amplio espacio para estacionar!

Terminamos la construcción sin pedir prestado un centavo al banco; todo el dinero vino a través de las ofrendas de nuestros miembros y la multiplicación sobrenatural del Señor. Dios proveyó para nosotros de esta manera, para que pudiéramos sentarnos cómodamente y servir a las personas que eran el fruto del avivamiento que Él estaba trayendo a nuestro ministerio.

En el Ministerio El Rey Jesús, enseñamos a las personas a tener una relación personal e íntima con Dios, que solo se puede desarrollar a través de la oración, la adoración, la lectura de la Palabra y la guerra espiritual. Ponemos gran énfasis en la santidad, el desarrollo del liderazgo y el propósito cristiano. Nuestro alcance a los nuevos convertidos, así con el ministerio de liberación, permite que los nuevos creyentes sean liberados de la opresión demoníaca para que puedan vivir plenamente sus nuevas vidas en Cristo.

También tenemos pequeños grupos que se reúnen en los hogares con el propósito de adorar a Dios y compartir Su Palabra. Como habrán notado en algunos de los testimonios que aparecen en este libro al final de los capítulos, a estos grupos los llamamos "Casas de Paz". Allí, los nuevos creyentes pueden experimentar el poder de Dios por primera vez; sus cuerpos y emociones pueden ser sanados, y sus relaciones pueden ser restauradas. Reciben entrenamiento de discipulado a través del cual se les enseña a vivir de una manera que sea agradable a Dios, permitiendo que el carácter de Cristo sea formado en ellos. Los miembros del remanente del último tiempo son entrenados para que saquen a relucir su potencial de liderazgo, así como para descubrir su propósito divino y caminar conforme a él.

Además, tenemos ministerios para niños, jóvenes y familias. Este último ministerio se ocupa específicamente de la restauración y el crecimiento de la familia en cada una de sus etapas. Nuestra Universidad del Ministerio Sobrenatural capacita a los futuros líderes, cuyo propósito está vinculado a una de las cinco oficinas ministeriales de la iglesia, como está establecido en Efesios 4:11: apóstol, profeta, evangelista, pastor y maestro. Además, tenemos un ministerio dedicado exclusivamente a servir a los empresarios y emprendedores, en el que instruimos a los creyentes acerca de cómo deben gestionar sus asuntos empresariales y financieros, conforme a los principios cristianos. Así, cada líder emergente está equipado para impactar el mundo, gracias al avivamiento sobrenatural a través del cual recibieron un nacimiento espiritual o una relación vivificada con el Señor.

El impacto de lo que Dios está haciendo se ha sentido no solo a nivel local, sino también a nivel nacional e internacional. Hemos viajado a muchas naciones para ministrar, y también llegamos a personas de todo el mundo a través de la televisión y la Internet. El Ministerio El Rey Jesús ha ido a muchas áreas del mundo que nunca habían experimentado el poder sobrenatural de Dios.

El avivamiento en nuestro ministerio comenzó primero en medio de la comunidad hispana, en Miami, Florida, y se ha extendido por todo el mundo: a otras áreas de Norteamérica, así como a Latinoamérica, Europa, África y Asia. De esta manera ha nacido un movimiento sobrenatural global entre personas de diferentes razas, en todos los continentes. Los efectos de este avivamiento son casi imposibles de medir porque el ministerio relacionado con este avivamiento llega a millones de personas anualmente a través de la televisión, la radio, otros medios de comunicación, las redes sociales y la Internet. La Red Global Sobrenatural, que es nuestro medio de alcance mundial para iglesias y ministerios, agrupa bajo cobertura espiritual a más de 400 iglesias en 60 países, reuniendo a más de 705,000 personas bajo el manto apostólico de este avivamiento.

Por la gracia y el favor de Dios, hemos entrado en países donde los cristianos son duramente perseguidos, o donde es difícil predicar el evangelio con libertad. Sin embargo, sentimos que la protección de Dios está sobre nosotros; Él es quien nos guía para ir a estas naciones, y nos trae de vuelta a casa con seguridad. Conforme a los propósitos de Dios, en cada lugar donde Él me envía, el avivamiento se enciende en los corazones de la gente. Las personas son liberadas de trabas espirituales, sanan sus enfermedades y dolencias, y son capaces de manifestar el poder de Dios en sus familias, iglesias, ciudades y naciones. Este avivamiento sobrenatural incluye a personas de todas las edades y condiciones sociales: estudiantes, amas de casa, obreros, empresarios, científicos, militares, políticos e incluso líderes de naciones.

APRENDIENDO DEL AVIVAMIENTO

He escrito este libro para que los creyentes estén preparados para los tiempos que tenemos por delante, para que comiencen a buscar al Espíritu Santo, Su llenura, guía y sabiduría. Como hemos visto, se acercan tiempos en los que el conocimiento terrenal que la gente ha adquirido les será de poca utilidad. Solo la guía del Espíritu de Dios será útil para abordar las crisis personales, comunitarias, nacionales e internacionales de hoy.

¿Cómo podemos obtener esa guía? A través del arrepentimiento y nuestra sumisión al Señor, lo que conducirá a un avivamiento personal y corporativo en la presencia de Dios. Necesitamos arrepentirnos de nuestros pecados y volvernos a Dios con todo nuestro corazón; debemos buscar Su presencia mientras preparamos el camino para el regreso de Cristo.

Antes de la aparición de Jesús, habrá un avivamiento sin precedentes; el mundo entero será sacudido, veremos señales en los cielos y en la tierra, y habrá manifestaciones sobrenaturales que son claras indicaciones del último tiempo. ¿Está listo para el avivamiento? ¿Está dispuesto a aplicar las verdades que ha aprendido en este capítulo, buscar el avivamiento y ser activado para cumplir la voluntad de Dios para su vida en estos últimos días trascendentales?

TESTIMONIOS DEL ÚLTIMO TIEMPO

El apóstol Calbert Mark de Trinidad y Tobago ha estado conectado con el Ministerio El Rey Jesús por más de diez años. Después de ser activado en el poder sobrenatural de Dios, ha visto avivamiento en su ministerio. Hasta la fecha, ha plantado iglesias no solo en Trinidad y Tobago, sino también en Venezuela y los Estados Unidos, lo que ha llevado a miles a ser avivados y transformados por el poder de Dios.

> Al principio de mi ministerio, el Señor me mostró que tenía un llamado apostólico. Conocí al apóstol Guillermo Maldonado a través de sus libros y programas de televisión. Después de escuchar muchas de sus prédicas y aplicar los principios y revelaciones que recibí, supe que necesitaba más. Sentí gran hambre por asistir a su escuela sobrenatural, la Universidad del Ministerio Sobrenatural, para ser entrenado.
>
> Todo comenzó hace diez años, y lo que Dios ha hecho ha sido extraordinario. Fui enviado a Venezuela a plantar iglesias, y confié en el Señor para hacer ese trabajo, a pesar de que el idioma español era extraño para mí. Al final, Dios me usó para plantar veinticinco

iglesias en Venezuela, y aprendí el idioma de una manera sobrenatural y acelerada. Mientras hacía la obra de Dios en Venezuela, mantuve mi iglesia principal en Trinidad, que es una de las más grandes de nuestra ciudad.

Después de descubrir el Ministerio El Rey Jesús y ser entrenado allí, el avivamiento se apoderó de nuestro ministerio también, hasta el punto de que hemos visto un inmenso crecimiento en números, en milagros, señales y maravillas. He podido enviar a más de cincuenta pastores a varias conferencias, así como a la Universidad del Ministerio Sobrenatural, para recibir la enseñanza y la cobertura del Ministerio El Rey Jesús. Hace tres años, el Señor me habló acerca de comenzar a plantar iglesias en los Estados Unidos. Esta vez estaba listo para el llamado, y el Señor me llevó a Tampa Bay, Florida. Solicité mi residencia, que fue aprobada en ocho meses. Construí un ministerio en Tampa, tanto en inglés como en español.

Desde que tomé la decisión de obedecer el llamado de Dios, he visto Su mano en cada paso que doy. Estoy extremadamente agradecido con el Apóstol Maldonado, su familia y su ministerio por continuar trabajando en lo sobrenatural y abrir las puertas para que otros ministerios florezcan y reciban el avivamiento del Espíritu Santo. Después de la obra que hice en Venezuela y las evidencias de milagros, señales y maravillas, fui ordenado como apóstol por mi iglesia. El llamado que el Señor había puesto en mi corazón para ser apóstol a las naciones finalmente es una realidad. Toda la gloria sea para Dios por lo que Él me ha permitido ver y hacer, y por todo lo que Él ha puesto en mi camino.

CAPÍTULO 8

¿QUÉ ES AVIVAMIENTO?

En el capítulo anterior revisamos brevemente algunos de los avivamientos más importantes de la historia que ocurrieron después de la resurrección de Jesús. Sin embargo, como he enfatizado a lo largo de este libro, creo que esos avivamientos son solo un preludio de lo que será el más grande derramamiento del Espíritu Santo antes que Cristo regrese. Este avivamiento final será un movimiento sin precedentes, más allá de lo que está registrado en el libro de los Hechos de los Apóstoles, cuando el Espíritu empoderó a los discípulos de Jesús a salir y predicar el evangelio del reino. Ese fue el derramamiento de la lluvia temprana. Pero, en los últimos tiempos veremos un volumen de derramamiento que incluirá aquel de la lluvia temprana más el de la lluvia tardía (vea, por ejemplo, Deuteronomio 11:14), porque Jesús siempre reserva el mejor vino para el final de la fiesta (vea Juan 2:10).

Estamos viviendo las últimas horas de la fiesta de Pentecostés, la misma que comenzó cuando los ciento veinte discípulos oraron y esperaron por la promesa del Padre en el aposento alto y que concluirá con la aparición de Jesús, cuando Él vuelva por Su remanente. Hoy estamos viendo un derramamiento del Espíritu de Dios sobre la faz de la tierra que es nuevo y gradual. Este movimiento espiritual irá en aumento, provocando un despertar generalizado en la iglesia y produciendo la manifestación que todos deseamos: *"Porque el anhelo ardiente de la creación es el aguardar la manifestación de los hijos de Dios"* (Romanos 8:19).

¡Me atrevo a asegurar que este será el más grande avivamiento en la historia de la humanidad! Saber que este avivamiento se acerca nos llena de gozo y expectativa, pero también genera preguntas como estas: ¿Qué deberíamos esperar durante este avivamiento? ¿Qué ocurrirá en el avivamiento de los últimos tiempos? ¿Está preparada la iglesia para recibir este avivamiento, y sabe cómo mantenerlo?

EL DERRAMAMIENTO DEL ESPÍRITU EN AVIVAMIENTO NOS EMPODERA PARA TESTIFICAR EN LOS ÚLTIMOS TIEMPOS. LA LLUVIA TEMPRANA Y LA TARDÍA VIENEN PARA MADURAR LOS FRUTOS, A FIN DE LEVANTAR LA COSECHA DE LOS ÚLTIMOS DÍAS.

EN SUEÑO PROFUNDO

Investigadores, académicos, y otros, han hecho varios análisis de la condición de la iglesia de Cristo en la actualidad. Sin embargo, como discutimos en la parte I de este libro en referencia al sacudimiento de los últimos tiempos, es fácil mirar alrededor y ver que solo una pequeña porción de la iglesia está despierta, alerta y preparando el camino para la venida de Cristo. En general, la falta de avivamiento entre los creyentes ha hecho que la iglesia esté en tal condición de debilidad, que necesita desesperadamente un derramamiento del Espíritu para despertarla y avivarla, a fin de restaurar en ella la santidad y la pasión por el perdido.

Esta debilidad se debe, en parte, al hecho de que la iglesia se ha secularizado u "occidentalizado", tomando creencias y valores contrarios al evangelio bajo el pretexto de volverse más civilizada. Los líderes de las iglesias han preferido satisfacer las demandas de comodidad y conveniencia de la gente, antes que perseguir las prioridades y mandatos del Espíritu de Dios. De muchas formas, la iglesia ha dejado de ser una entidad espiritual y se ha convertido, en cambio, en una "organización moderna" para así encajar en el mundo de hoy. Ha pasado a manos de buenos administradores, en vez de ser liderada por apóstoles y profetas que escuchen lo que Dios está diciéndole a Su pueblo hoy, y que estén dispuestos a pagar el precio de hacer Su voluntad y mantener la pureza de la unción y la Palabra que es predicada.

Me apena que la estructura de la iglesia se haya conformado para cuestionar la realidad de lo sobrenatural, en lugar de promoverla como una demostración del poder y la gracia de Dios. Muchas denominaciones cristianas rechazan la manifestación de lo sobrenatural divino por medio de sanidades y milagros, y la idea del ministerio activo del Espíritu Santo en la vida de los creyentes. Se han sometido a programas humanos que supervisan intelectualmente lo que en realidad debería ser guiado por el Espíritu Santo. De manera similar, muchas escuelas bíblicas niegan la realidad del poder de Dios. Enseñan que la sanidad y los milagros terminaron con los doce apóstoles, porque esos aspectos del poder de Dios no coinciden con el pensamiento científico moderno, el cual se ha elevado a tal punto que se ha vuelto irrefutable para la humanidad moderna. Si bien es cierto que Dios usa a los doctores y la medicina para ayudarnos, Su poder para sanar ha sido reemplazado por la medicina moderna, mientras que Su poder para liberar ha sido sustituido por la psicología y la terapia mental. La adoración que eleva el espíritu y manifiesta la atmósfera del cielo ha sido sustituida por la música que solo agita las emociones, mientras que la guía del Espíritu Santo ha sido reemplazada por el carisma de los líderes.

Algunas iglesias se enfrascan en discusiones teológicas intrascendentes, pero evitan lo verdaderamente importante: abordar la falta de presencia y poder de Dios entre nosotros. Por lo tanto, cuando encuentran a alguien que sí manifiesta el poder de Dios, ven a esa persona como falsa y sospechosa, alguien que no viene de Dios. Acostumbrados a vivir según lo que es falso, no saben reconocer lo que es verdadero.

Debido a que la mayoría de iglesias no ven la necesidad del Espíritu Santo, buscan otras alternativas para resolver los problemas y preocupaciones de la gente. Como resultado, muchos predicadores están llenos de teorías, pero vacíos del Espíritu. Enseñan sobre Dios sin conocerlo realmente ni haber tenido una experiencia íntima con Su presencia. Defienden una doctrina de excusas que busca inútilmente explicar por qué los milagros no pueden ocurrir hoy, aunque la verdad es que estos predicadores no están preparados para manifestar milagros. Por esa razón, apenas si pueden mitigar las necesidades de la gente. Los predicadores no les enseñan a sus congregaciones sobre la provisión divina que está disponible para ellos; tampoco les ministran a sus congregaciones conforme a esa provisión.

Por lo tanto, hoy en día el poder de la resurrección de Cristo no está siendo predicado ni impartido. La persona del Espíritu Santo está siendo contristada y apagada, sin que la mayoría de congregaciones le dé el lugar que merece. Resistir al Espíritu siempre ha sido un peligro para la iglesia. Hace más de dos mil años, Pablo advirtió: *"No apaguéis al Espíritu"* (1 Tesalonicenses 5:19).

Adicionalmente, muchos cristianos piensan que el ámbito de lo sobrenatural colinda con lo supersticioso, místico, mágico y abstracto porque Hollywood le ha dado a lo sobrenatural una connotación de fantasía o ciencia ficción. Como resultado, de forma global, el hambre de la gente por la verdadera presencia de Dios y Su poder divino sobrenatural prácticamente ha desaparecido. ¡Hay un estancamiento espiritual generalizado! La iglesia vive en un estado de adormecimiento, pasividad y falta de compromiso. ¡Es alarmante que la iglesia esté en esta condición justo antes del regreso de Cristo!

En resumen, podemos decir que las lámparas están apagadas, y nadie tiene aceite para encenderlas. (Vea Mateo 25:1–13). El apóstol Pablo exhortó a la iglesia en Efeso: *"Despiértate, tú que duermes, y levántate de los muertos, y te alumbrará Cristo"* (Efesios 5:14). Muchos creyentes "muertos" necesitan ser despertados por completo. ¡La iglesia necesita avivamiento!

¿Y qué de las personas que no forman parte de la iglesia? El Grupo Barna, una de las empresas encuestadoras más confiables del mundo, ha seguido de cerca la condición del cristianismo en los Estados Unidos durante muchos años y proporciona este resumen:

> La influencia del cristianismo en los Estados Unidos está menguando. Los índices de asistencia a la iglesia, de afiliación religiosa, de creencia en Dios, de oración y de lectura de la Biblia han descendido durante décadas. Como consecuencia, el rol de la religión en la vida pública ha ido disminuyendo lentamente, y la iglesia ya no actúa con la autoridad cultural que tenía en tiempos pasados.

Estos son días inéditos para la iglesia en Estados Unidos, mientras aprende lo que significa florecer en una nueva era "post-cristiana".[94]

Para muchas personas el cristianismo se ha convertido simplemente en una tradición. A medida que la iglesia ha ido cayendo en sueño profundo, el Señor Jesús ha sido reducido a una figura histórica; una leyenda; un profeta más; otro maestro de la antigüedad; un Dios del pasado y no del presente.

Desesperadamente necesitamos avivamiento para traer a la iglesia de regreso a la vida y así poder ser testigos en nuestras comunidades y naciones. Tenemos que darle lugar al Espíritu de Dios y permitirle actuar libremente en nuestras congregaciones. Una vez más, mientras muchos creyentes necesitan avivamiento, surgen estas preguntas: ¿Saben ellos que necesitan avivamiento? ¿Saben qué es un avivamiento del Espíritu Santo?

MIENTRAS LA IGLESIA HA CAÍDO EN UN SUEÑO PROFUNDO, EL SEÑOR JESÚS HA SIDO REDUCIDO A UNA FIGURA HISTÓRICA; UNA LEYENDA; UN PROFETA O MAESTRO MÁS; UN DIOS DEL PASADO, Y NO DEL PRESENTE.

DEFINIENDO EL AVIVAMIENTO

El diccionario define la palabra *avivar* como "cobrar [dar] vida o vigor"; "vivificar [dotar de vida]".[95] Para la iglesia, la experiencia del avivamiento significa ser restaurado a la vida del Espíritu, que una vez tuvo y la perdió. Hace miles de años, el salmista imploró: "*¿No volverás a darnos vida, para que tu pueblo se regocije en ti?*" (Salmos 85:6). Y el profeta Oseas invitó al pueblo de Dios: "*Venid y volvamos a Jehová; porque él arrebató, y nos curará; hirió, y nos vendará. Nos dará vida después de dos días; en el tercer día nos resucitará, y viviremos delante de él*" (Oseas 6:1–2). El término hebreo que

94. "The Most Post-Christian Cities in America: 2017", ["Las ciudades más post-cristianas en América: 2017"], Barna Group, julio 11, 2017, https://www.barna.com/research/post-christian-cities-america-2017/.

95. *Gran diccionario de la lengua española*, © 2016 Larousse Editorial, S.L., https://es.thefreedictionary.com/avivar.

se traduce como "dar vida" o "avivar" en estos pasajes es *châyâh*, y entre sus significados están "vivir", "tener vida", "permanecer vivo", "sostener la vida", "vivir (prósperamente)", "acelerar", "restaurar (la salud)" o "volver a la vida".[96]

La Escritura afirma que el Señor Jesús dejó como legado a la iglesia todo lo que Él tiene. (Vea, por ejemplo, Romanos 8:32). De acuerdo con esta premisa, la iglesia primitiva mostraba poder de avivamiento. El mover del Espíritu, con milagros, señales y maravillas, esparció el evangelio más allá de las fronteras de Jerusalén. (Vea, por ejemplo, Hechos 8:4–7, 12–17; 11:19–21; y caps. 27–28; Hebreos 2:3–4). Para los seguidores de Jesús, la manifestación de lo sobrenatural era una forma de vida, no un evento aislado. La iglesia nació —y continuó el ministerio de Jesús en la tierra— ¡con el derramamiento del Espíritu Santo! Pero, repito, lo triste es que la obra sobrenatural del Espíritu en la iglesia en su mayoría se ha perdido.

Está muy claro que se necesita un nuevo despertar espiritual. El avivamiento viene a soplar vida y restaurar todo lo que está muerto en la iglesia: nuestra fe, nuestra comunión íntima con Dios, nuestro primer amor por Jesús, la vida del Espíritu, y mucho más. "*Oh Jehová, he oído tu palabra, y temí. Oh Jehová, aviva tu obra en medio de los tiempos, en medio de los tiempos hazla conocer; en la ira acuérdate de la misericordia*" (Habacuc 3:2).

EL AVIVAMIENTO ERA TODO LO QUE LA IGLESIA TENÍA AL PRINCIPIO, PERO LO HA PERDIDO. SE REQUIERE UN NUEVO AVIVAMIENTO PARA QUE LA IGLESIA VUELVA A LA VIDA.

PORTALES CELESTIALES ABIERTOS

Cada derramamiento del Espíritu Santo empieza con un portal celestial que se abre en un lugar determinado: una ciudad, región, territorio o nación. Eso fue lo que ocurrió en Pentecostés, en el aposento alto. Allí,

96. *Strong's Exhaustive Concordance of the Bible*, H2421, Blue Letter Bible, https://www.blueletterbible.org/lexicon/h2421/nkjv/wlc/0-1/.

como mencioné antes, ciento veinte seguidores de Jesús oraron y esperaron la manifestación de la promesa que Él les había hecho.

> *Cuando llegó el día de Pentecostés, estaban todos unánimes juntos. Y de repente vino del cielo un estruendo como de un viento recio que soplaba, el cual llenó toda la casa donde estaban sentados; y se les aparecieron lenguas repartidas, como de fuego, asentándose sobre cada uno de ellos. Y fueron todos llenos del Espíritu Santo, y comenzaron a hablar en otras lenguas, según el Espíritu les daba que hablasen.*
> (Hechos 2:1–4)

A través de ese portal que se abrió entre el cielo y la tierra, el Espíritu Santo fue derramado sobre el pueblo de Dios. El mensaje que este derramamiento trajo fue anunciado a la humanidad a través de la prédica del evangelio y la manifestación del poder sobrenatural de Dios. El Espíritu de Dios les recordó a los discípulos todo lo que Jesús les había enseñado (vea Juan 14:26), y eso es lo que ellos salieron a predicar al mundo. El resultado fue un despertar espiritual y un empoderamiento que impulsó a los discípulos a testificar con denuedo lo que el Espíritu Santo estaba diciendo y haciendo ese día.

TODO AVIVAMIENTO PRODUCE UN DESPERTAR ESPIRITUAL EN LA IGLESIA Y EN EL MUNDO, CON LA EVIDENCIA DE UNA ACTIVIDAD SOBRENATURAL VISIBLE MANIFESTADA EN EL AHORA.

El avivamiento está disponible para todas las personas; sin embargo, es importante recordar que no todo en nuestras vidas o en las vidas de nuestras comunidades y naciones será avivado. Por ejemplo, lo que Dios ya ha juzgado no será avivado, tampoco lo que está ligado a los deseos de la carne. En el avivamiento muchas cosas desaparecerán del ambiente eclesiástico porque no están de acuerdo con el Espíritu. Incluso, algunas personas no serán avivadas a menos que se arrepientan.

> *Si obedeciereis cuidadosamente a mis mandamientos que yo os prescribo hoy, amando a Jehová vuestro Dios, y sirviéndole con todo vuestro*

corazón, y con toda vuestra alma, yo daré la lluvia de vuestra tierra a su tiempo, la temprana y la tardía; y recogerás tu grano, tu vino y tu aceite. (Deuteronomio 11:13–14)

Y todo aquel que invocare el nombre de Jehová será salvo; porque en el monte de Sion y en Jerusalén habrá salvación, como ha dicho Jehová, y entre el remanente al cual él habrá llamado. (Joel 2:32)

EL VERDADERO AVIVAMIENTO

El avivamiento es una actividad del Espíritu Santo, y por lo tanto es sobrenatural. Es lo que el Espíritu está trabajando ahora. Si cree que ya está experimentando avivamiento en su vida, en su hogar o en su ministerio, pero aún no advierte una actividad sobrenatural, usted puede estar sintiendo una emoción, pero eso no es verdadero avivamiento.

El avivamiento se produce cuando la iglesia renace —adquiere vida— en su relación con Dios porque es llena del Espíritu. Cuando esto sucede, individuos, familias, y comunidades enteras son transformadas; hay cambios tangibles, ocurren milagros, sanidades y salvaciones. Las personas renuevan su fe en Dios; las iglesias prosperan en santidad; los creyentes entran en adoración poderosa; hay palabras *rhema*[97] y visiones proféticas; miles son bautizados en agua y en el Espíritu Santo; hay discipulado y crecimiento espiritual; un amor palpable y evidente entre los creyentes; milagros financieros; crecimiento y multiplicación en todas las áreas. ¡Ese es un verdadero avivamiento! Donde una vez hubo conformidad con el pensamiento mundano, adormecimiento espiritual profundo y esterilidad, ahora hay vida y fruto bueno en abundancia. Jesús dijo: "*El Espíritu del Señor está sobre mí, por cuanto me ha ungido para dar buenas nuevas a los pobres; me ha enviado a sanar a los quebrantados de corazón; a pregonar libertad a los cautivos, y vista a los ciegos; a poner en libertad a los oprimidos*" (Lucas 4:18).

97. *Rhema* es una palabra de Dios para hoy, para una situación específica. Siempre estará de acuerdo con la Palabra escrita de Dios. Un ejemplo de una palabra *rhema* es cuando el Espíritu Santo hace que las Escrituras escritas cobren significado para nosotros, y se apliquen a nuestras circunstancias actuales. Otro ejemplo es una palabra profética dada a través del Espíritu a un creyente, una familia o a la iglesia.

Todo avivamiento comienza en el corazón. Si el corazón no es transformado, no hay despertar. Aunque haya mucha actividad en la iglesia, eso no garantiza que haya avivamiento. Para que se produzca avivamiento debe haber un cambio radical de adentro hacia afuera. Las personas pueden sentir la presencia de Dios, percibir la atmósfera sobrenatural, llorar y ser movidos; pero si sus corazones no se rinden al Señor, si no hay un arrepentimiento genuino o cambios visibles en sus vidas, no habrá avivamiento. Digo esto porque, al ministrar alrededor del mundo, a menudo veo muchas personas tocadas pero pocas cambiadas. Sinnúmero de personas rinden sus emociones, pero no sus corazones. Ellos experimentarán verdadera restauración cuando rindan sus corazones totalmente al Padre para ser transformados en Su presencia. Entonces, podrán vivir continuamente en esa transformación.

Una iglesia en avivamiento es una iglesia totalmente centrada en la presencia de Dios, porque cuando la iglesia entra en Su presencia, no necesita nada más. *"Una cosa he demandado a Jehová, ésta buscaré; que esté yo en la casa de Jehová todos los días de mi vida, para contemplar la hermosura de Jehová, y para inquirir en su templo"* (Salmos 27:4). Le hemos enseñado a la gente a responder al conocimiento bíblico, pero no a la presencia de Dios. Cuando las personas son conscientes de Su presencia, no esperan que alguien más les imponga manos para recibir un toque de Dios; por el contrario, van directamente al Padre para recibir de Él. La presencia es un lugar de revelación, descanso, paz y cambio. Allí, lo sobrenatural es lo más natural, y donde todo lo que necesitamos es suplido. Así que, tenemos que reeducar a la gente para que aprenda a buscar, perseguir y vivir continuamente en la presencia de Dios; no como una experiencia de una sola vez, sino como un estilo de vida.

Amado lector, hoy le invito a hacer un análisis de su corazón. Asegúrese que no hay pecado o iniquidad que lo esté deteniendo de vivir continuamente en la presencia de Dios. La iniquidad hace que Dios esconda Su rostro de nosotros: *"He aquí que no se ha acortado la mano de Jehová para salvar, ni se ha agravado su oído para oír; pero vuestras iniquidades han hecho división entre vosotros y vuestro Dios, y vuestros pecados han hecho ocultar de vosotros su rostro para no oír"* (Isaías 59:1–2). Entre más pecado haya en nuestras vidas personales o en la vida colectiva de los miembros de nuestras iglesias, menos presencia de Dios habrá; a tal grado que podemos ser cortados de Su presencia. El Señor remueve Su presencia cuando no nos arrepentimos de nuestros pecados. En cambio, entre menos pecado hay, más de la presencia de Dios podemos disfrutar.

EL PECADO NOS REMUEVE DE LA PRESENCIA DE DIOS; PERO EL ARREPENTIMIENTO NOS REGRESA A ELLA.

¿CUÁNDO EMPEZARÁ EL AVIVAMIENTO DE LOS ÚLTIMOS TIEMPOS?

El avivamiento de los últimos tiempos empezará inmediatamente después del sacudimiento global final:

> *Porque así dice Jehová de los ejércitos: De aquí a poco yo haré temblar los cielos y la tierra, el mar y la tierra seca; y haré temblar a todas las naciones, y vendrá el Deseado de todas las naciones; y llenaré de gloria esta casa, ha dicho Jehová de los ejércitos. Mía es la plata, y mío es el oro, dice Jehová de los ejércitos. La gloria postrera de esta casa será mayor que la primera, ha dicho Jehová de los ejércitos; y daré paz en este lugar, dice Jehová de los ejércitos.* (Hageo 2:6–9)

Al igual que en la parte I de este libro, el pasaje anterior nos enseña que toda dimensión y esfera de la vida en la tierra será sacudida; todo lo que tiene vida será afectado. No solo la naturaleza será sacudida, también la economía. Cuando Dios proclama que la plata y el oro le pertenecen, está diciendo que el hombre piensa que posee lo que en realidad le pertenece a Dios. Él sacudirá todo antes de llenar Su casa con la gloria de los últimos tiempos. Después comenzará el avivamiento de los últimos días.

Recuerde que, durante el sacudimiento final, el Señor manifestará la obra del Espíritu Santo aún más activamente que cuando el Espíritu vino a establecer la iglesia. Él abrirá portales a través de los cuales derramará Su Espíritu con una potencia nunca vista, y dará poder a los evangelistas. El evangelismo será más eficaz, porque en medio de la desorientación, la desesperación, la ansiedad, la pérdida de enfoque, la perplejidad y la falta de respuestas para sus crisis, la gente no tendrá más remedio que buscar a

Dios. Ocurrirá algo parecido a lo que sucedió tras los atentados terroristas del 11 de septiembre de 2001: las iglesias estaban llenas de gente buscando que Dios les diera seguridad, paz y protección. Sin embargo, esta vez, será en una escala mucho mayor. Después vendrá el avivamiento, a la par de un continuo sacudimiento.

Ahora mismo hay pocos focos de avivamiento conocidos. Varios avivamientos se están produciendo en nuestras iglesias afiliadas y en algunos de nuestros ministerios asociados alrededor del mundo, así como en otros lugares, pero no hay muchos más. No obstante, el sacudimiento de todas las cosas dará lugar a un avivamiento sin precedentes en los próximos años.

EL SACUDIMIENTO DE LOS ÚLTIMOS TIEMPOS IMPACTARÁ MULTITUDES POR TODA LA TIERRA; Y, A MEDIDA QUE LA GENTE SE VUELVA HACIA DIOS, EL AVIVAMIENTO FINAL VENDRÁ.

LA ÚLTIMA ETAPA

Estos son los tiempos sobre los cuales Joel profetizó:

> *Y después de esto derramaré mi Espíritu sobre toda carne, y profetizarán vuestros hijos y vuestras hijas; vuestros ancianos soñarán sueños, y vuestros jóvenes verán visiones. Y también sobre los siervos y sobre las siervas derramaré mi Espíritu en aquellos días. Y daré prodigios en el cielo y en la tierra, sangre, y fuego, y columnas de humo. El sol se convertirá en tinieblas, y la luna en sangre, antes que venga el día grande y espantoso de Jehová. Y todo aquel que invocare el nombre de Jehová será salvo; porque en el monte de Sion y en Jerusalén habrá salvación, como ha dicho Jehová, y entre el remanente al cual él habrá llamado.*
> (Joel 2:28–32)

El sacudimiento final con avivamiento tendrá lugar antes de la venida del Señor. Estamos viviendo los últimos días de la fiesta de Pentecostés.

El derramamiento del Espíritu Santo después de la resurrección de Cristo marcó una nueva era en la tierra; pero, ahora, estamos entrando en la etapa final de la misma, la cual marca el inminente inicio de una era nueva en el ciclo de los últimos tiempos. El regreso del Señor está cerca. El derramamiento del Espíritu Santo en los últimos días es el testimonio final antes de la venida de Cristo.

De nuevo, en este avivamiento veremos las maravillas de la gloria de Dios manifestadas. Será un acto soberano de Dios que el conocimiento humano no puede interpretar o resolver. Veremos personas clamando al Señor por respuestas, refugio y salvación. Eso es avivamiento: personas buscando a Dios con desesperación. ¡Y después vendrá el fin!

¿Quiere usted ser parte del avivamiento de los últimos tiempos? ¿Quiere estar incluido en el remanente de creyentes que están santificados y buscan la presencia de Dios en oración? ¿Quiere ser empoderado para el evangelismo de los últimos tiempos? ¿Anhela usted la venida de Cristo y la manifestación de Su gloria? ¡Yo sí! Quiero un avivamiento con todas la fuerzas de mi ser. Todos los días clamo: "¡Ven, Señor Jesús!" Quiero ver al Espíritu Santo derramándose sobre la gente en iglesias, escuelas, oficinas, hospitales, prisiones, centros comerciales y por todas las calles del mundo. Quiero ver la gloria de Dios en mi vida y en las vidas de mis hijos, tanto los naturales como los espirituales. Quiero ver vidas cambiadas, corazones transformados y llenos con el Espíritu de Dios. Si usted desea lo mismo, por favor haga la siguiente oración conmigo:

> Señor Jesús, reconozco que hay áreas en mi vida que no están llenas de la vida del Espíritu Santo. Reconozco que mi vida de oración carece de Tu presencia. Necesito un derramamiento de Tu Espíritu. Necesito ser avivado. Reconozco que continúo luchando con ciertos pecados, que hay áreas de mi vida que no Te he rendido por completo, y que mi corazón ha permanecido cerrado y no puede ser transformado sin la obra de Tu Espíritu. He sentido Tu presencia, Tu toque y Tu amor, pero aún no he sido transformado por Tu poder porque he resistido mi entrega total a Ti. Hoy me arrepiento y Te pido que me perdones. Te pido que hagas la obra completa en mí. Quiero ser parte del remanente que busca Tu presencia y anhela el avivamiento de los últimos tiempos. En

Tu nombre, amado Jesús, clamo: ¡Lléname del Espíritu Santo! ¡Levántame de este sueño profundo y llena mi boca de Tu Palabra! ¡Hazme testigo de Cristo en mi familia y en mi ciudad! Amén.

TESTIMONIOS DE LOS ÚLTIMOS TIEMPOS

Milton y Kristina Martínez son miembros del Ministerio El Rey Jesús en Miami. El médico que supervisaba a Kristina durante su embarazo descubrió que al bebé le faltaba un cromosoma. Cuando Milton y Kristina clamaron al Señor, Dios actuó de una manera que los médicos no pueden explicarse. Kristina describe el milagro creativo que ocurrió:

> Hace tres semanas, el médico llamó para notificarnos que nuestro bebé tenía un problema con sus cromosomas. Era un asunto tan serio que inmediatamente supimos que teníamos que refugiarnos bajo la presencia del gran Yo Soy. Junto a los ancianos y mentores de la iglesia comenzamos a orar y declarar sanidad, cubriendo a nuestro bebé con la sangre de Jesucristo. Los médicos me mandaron a hacerme otra prueba. Mientras tanto, nos unimos al Ministerio El Rey Jesús para participar en un evento en línea llamado "Día Mundial de Oración y Arrepentimiento". El propósito de ese encuentro era darles a los creyentes de todo el mundo una oportunidad para unirse durante veinticuatro horas en intercesión y arrepentimiento. Unos días después, el médico llamó con los resultados y nos dijo que todo estaba bien. ¡Ahora nuestro bebe está ciento por ciento sano! Dios se ha manifestado a Sí mismo de gran manera, y estamos tan agradecidos con Él por todo lo que ha hecho en nuestras vidas.

El siguiente es el testimonio de un hombre que padecía de una condición médica severa para la que parecía no haber cura. Los médicos no tenían solución para su dolor. Desesperado, anhelaba que el Señor le quitara la vida para dejar de sufrir el constante tormento de su enfermedad. Entonces, entró en contacto con el Ministerio El Rey Jesús. Como remanente de Dios, mantenemos nuestra lámpara encendida, predicamos el evangelio del reino y las señales nos siguen donde quiera que vayamos a ministrar alrededor del mundo.

Mi nombre es Alex y soy de Nueva Zelanda. Soy miembro del equipo de alabanza de mi iglesia y mi hija y yo escribimos canciones juntos. Desde que asistimos al Encuentro Sobrenatural que organizó el Apóstol Guillermo Maldonado en Nueva Zelanda, hemos podido ver el poder de Dios manifestado en nuestra iglesia. Sin embargo, me encontraba en una condición de desesperación antes de experimentar ese poder. Mi situación era tan extrema que incluso había escrito mi obituario y comencé a poner mis asuntos en orden, en preparación para partir de este mundo.

Todo empezó con un dolor de muelas. Fui al dentista y me extrajeron el diente; sin embargo, el dolor continuó y me empezaron a extraer otros dientes, incluso los sanos. Luego, el dentista sospechó que podría haber una causa médica subyacente para mi dolor, así que fui al hospital, donde finalmente me diagnosticaron neuralgia. Entré al hospital un miércoles; y el viernes estaba en cirugía. El personal médico me dijo que todo había salido bien y que ya no sentiría dolor porque habían implantado una placa de teflón para cubrir la raíz que estaba en la base del nervio para que nada lo volviera a tocar. Sin embargo, después de unas horas, el dolor volvió. Tuve ese dolor durante diez años. Los médicos comenzaron a darme Ketamina, que a menudo se usa como anestésico para animales, como los caballos. Me dijeron que era la primera vez que tenían que recurrir a un medicamento tan extremo para la neuralgia.

Debido al intenso y continuo dolor, no tenía vida. No podía hablar ni dormir. Me pasaba el día y la noche en una silla. Cuando mis hijos me saludaban por la mañana antes de irse, ni siquiera podía abrir la boca; apenas si podía emitir un gruñido en respuesta. Si dormía era porque me sentía exhausto y me quedaba dormido por muy poco tiempo, porque el dolor volvía cada tres o cuatro minutos. Incluso después de la cirugía, tomaba doce pastillas al día. Vivía con dolor y estaba listo para morir. Le dije a mi esposa: "Ahora entiendo por qué llaman a la neuralgia la enfermedad del suicidio". La idea de morir no parecía tan mala en comparación con la realidad del dolor constante.

Tomé Tramadol y otros potentes medicamentos, cada uno con sus efectos secundarios. Además, tomaba una medicina que me hacía temblar las manos. Pero cuando iba a la iglesia y agarraba mi guitarra, tocaba con tanta fuerza como podía. La neuralgia nunca me impidió adorar a Dios. Una vez, le dije al Señor que prefería que me llevara a estar con Él, pero que nunca dejaría de adorarlo, sin importar qué me pasara.

Entonces, comencé a escuchar sobre el próximo Encuentro Sobrenatural del Apóstol Maldonado en Napier, Nueva Zelanda. No sabía quién era el Apóstol Maldonado. Cuando la gente me invitó a asistir al Encuentro, dije que no quería ir porque mucha gente ya había orado por mí. La verdad era que ya había aceptado que mi vida siguiera como estaba y que me bastaba la gracia de Dios. Finalmente decidí ir al Encuentro. Antes de viajar, pasaron muchas cosas, incluyendo que tuve un ataque de dolor tan fuerte que tomé toda la medicina que pude, pensando que no podría soportar el viaje; pero lo logré.

Cuando comenzó el primer servicio en el estadio donde se celebraba el Encuentro Sobrenatural, la adoración era tan intensa, que sentí el poder y la autoridad sobrenaturales. Dios se estaba moviendo en ese estadio, tanto que podía sentir Su presencia sobre mí quitando todas mis cargas. Una joven de mi iglesia estaba cerca y comenzó a orar por mí; comencé a sentir alivio. Era como si me despertara de una pesadilla. Dios hizo grandes milagros en ese Encuentro. ¡Cuando me di cuenta de que había sido sanado y podía servirle sin más dolor, sentí mucho más amor por Él! Estoy tan agradecido por lo que Dios ha hecho en mí. Gracias a Él, podré ver crecer a mis cinco hijos y casarse. Mi hijo había sido sanado de cáncer unos años antes, pero ahora vivimos en un nuevo nivel de la gloria de Dios.

Pasé por diez años de sufrimiento y dolor en los que básicamente no tenía vida, ¡hasta que Dios me sanó! Aun si está pasando por una situación sin salida, Dios tiene un propósito para usted más allá de lo que pueda imaginar. Si necesita sanidad, puede ser sano ahora; si quiere ser activado en lo sobrenatural, puede ser activado ahora, en el nombre de Jesús. Solo debe tener hambre. ¡No se rinda! Yo pensé que mi vida había terminado, pero Dios me dio una segunda oportunidad. Me está mostrando que Su poder es real.

En lo que respecta al ministerio, al principio me decepcionó Nueva Zelanda porque no asistió al Encuentro la cantidad de personas que pensé que irían. En el pasado, había sido parte de un gran movimiento en el que los estadios se llenaban por completo. Ahora, la gloria sobrenatural está llenando la tierra, y Nueva Zelanda está a punto de entrar en eso. De hecho, un nuevo despertar está comenzando. Dios está creando un movimiento en Su pueblo, y veremos milagros, señales y maravillas. Estamos felices de haber formado parte del Encuentro Sobrenatural en Nueva Zelanda, y estamos listos para ver cumplidas las promesas de Dios para nuestra tierra y el mundo.

CAPÍTULO 9

POR QUÉ MUEREN LOS AVIVAMIENTOS

Muchas de las iglesias denominacionales que nacieron como resultado de los avivamientos que estudiamos en el capítulo 7 han perdido su fuego. De hecho, la mayoría de denominaciones que hoy existen en el mundo comenzaron en medio de un gran avivamiento del Espíritu Santo; pero, desafortunadamente, con el tiempo se volvieron espiritualmente tibias o muertas. Dejaron de ser casas de Dios para convertirse en casas de hombres. Apagaron el avivamiento y se institucionalizaron, convirtiéndose en organizaciones que parecían ser de Dios pero, en realidad, negaron Su poder. "*También debes saber esto: que en los postreros días vendrán tiempos peligrosos. Porque habrá hombres [...] que tendrán apariencia de piedad, pero negarán la eficacia de ella; a éstos evita*" (2 Timoteo 3:1–2, 5). La llama que había mantenido a estas denominaciones en el avivamiento se apagó, y cayeron en mentalidades y conductas meramente naturales, racionales, orientadas al entretenimiento y la rutina. Todas estas características conducen a un ritualismo obsoleto.

¿POR QUÉ HEMOS PERDIDO EL AVIVAMIENTO?

La mayoría de avivamientos históricos han durado solo entre ocho y diez años porque los creyentes no han sabido cómo mantenerlos. Lo que a menudo no está claro es *por qué* sucede esto. Este es el punto fundamental que abordaremos en este capítulo. Si no identificamos las causas de este problema, la gente continuará repitiendo los mismos errores porque, como dice el refrán: "Los que no conocen la historia están destinados a repetirla".

¿Por qué mueren los avivamientos? En muchos casos, es el cumplimiento de esta profecía: *"Por tanto, mi pueblo fue llevado cautivo, porque no tuvo conocimiento; y su gloria pereció de hambre, y su multitud se secó de sed"* (Isaías 5:13). En otros casos, los líderes del avivamiento actuaron de tal manera que provocaron su propia caída, perjudicando su buen trabajo: *"Antes del quebrantamiento es la soberbia, y antes de la caída la altivez de espíritu"* (Proverbios 16:18). Una o ambas raíces han arrastrado a las generaciones posteriores de creyentes a una de las siguientes condiciones de decadencia y tibieza espiritual.

CRITICA LOS ELEMENTOS DEL AVIVAMIENTO

Casi siempre, la primera mancha que afecta un avivamiento no es la crítica externa de los inconversos (aunque eso ocurre a menudo), sino más bien la crítica que proviene del interior de la misma iglesia: *"Y si una casa está dividida contra sí misma, tal casa no puede permanecer"* (Marcos 3:25). El discernimiento y la sabiduría son siempre esenciales cuando se trata de asuntos espirituales (vea, por ejemplo, 1 Juan 4:1), porque: *"Dios no es Dios de confusión, sino de paz"* (1 Corintios 14:33). Sin embargo, dentro de estas directrices guiadas por el Espíritu, es importante permitir que el Espíritu Santo se mueva como quiera y no impedir Su trabajo. La crítica al avivamiento detiene el mover divino del Espíritu porque lo corrompe. Cuando el avivamiento crece más allá del control humano, muchas personas comienzan a censurarlo. Esto puede afectar negativamente a sus líderes, porque los hace dudar de sí mismos, de manera que sus convicciones sobre dicho avivamiento se debilitan. Al final, se ven empujados a sucumbir ante la presión de sus críticos. Es común que la gente critique lo que no puede controlar o lograr por sí misma. Por lo tanto, durante el avivamiento debemos tener cuidado de no ceder ante las críticas indebidas ni pervertir la acción del Espíritu entre nosotros.

LOS AVIVAMIENTOS NO TERMINAN PORQUE SEAN EXCESIVOS; TERMINAN PORQUE LAS PERSONAS INTENTAN CONTROLARLOS.

Adicionalmente, las críticas de los avivamientos provienen de personas que operan bajo una mentalidad carnal. Aquellos que son de mente carnal no saben cómo distinguir entre lo que es de Dios, lo que es del hombre y lo que es del diablo, porque sus sentidos espirituales son monótonos y no pueden ver más allá de lo que pueden observar con sus ojos naturales. Jesús dijo a Sus discípulos: *"Por eso* [a las multitudes] *les hablo por parábolas: porque viendo no ven, y oyendo no oyen, ni entienden"* (Mateo 13:13). Una vez más, no prestemos nuestros oídos a la crítica; la mentalidad de crítica proviene de la carne, mientras que la mentalidad que discierne y está abierta a Dios emana del Espíritu.

No me importa que me critiquen por creer en el poder sobrenatural de Dios, en los milagros o en la persona del Espíritu Santo, antes que en las opiniones humanas. El apóstol Pedro exhortó a los creyentes diciéndoles: *"Si sois vituperados por el nombre de Cristo, sois bienaventurados, porque el glorioso Espíritu de Dios reposa sobre vosotros"* (1 Pedro 4:14). Esta es la palabra que me sustenta cada vez que surgen críticas de la iglesia en general hacia mi ministerio y sus demostraciones de poder sobrenatural. Dejemos que esa misma palabra nos sostenga a todos durante el avivamiento de los últimos tiempos.

PARA SER PORTADORES DE AVIVAMIENTO, TENEMOS QUE PAGAR EL GRAN PRECIO DE SER RECEPTORES DE CRÍTICAS Y AGRAVIOS.

COMPROMETE LA VERDAD

Otra razón por la que los avivamientos se extinguen es porque, con el paso del tiempo, es habitual que los líderes de las congregaciones que antes vivían en avivamiento se alejen de la verdad fundamental sobre la que se construyó esa iglesia. Durante los años de avivamiento que siguieron al derramamiento del Espíritu Santo en el aposento alto, los apóstoles instruyeron muchas veces a los creyentes para que no se apartaran de la verdad. (Vea, por ejemplo, 1 Timoteo 4:1–6). Y Jesús advirtió a la iglesia de Efeso: *"Recuerda, por tanto, de dónde has caído, y arrepiéntete, y haz las primeras obras; pues si no, vendré pronto a ti, y quitaré tu candelero de su lugar, si no te hubieres arrepentido"* (Apocalipsis 2:5). Cuando comprometemos la verdad, Dios remueve Su presencia y Su Espíritu de entre nosotros. Los apóstoles entendieron esta realidad. Por eso fueron diligentes para evitar que se apagara el derramamiento del Espíritu de Dios.

Durante los diversos avivamientos que han ocurrido a lo largo de los siglos, desde la iglesia primitiva, muchos predicadores han comprometido la verdad con el fin de ganar prestigio, fama, posición, dinero o placer. Unos han comprometido la verdad porque carecían de una identidad en Cristo y no estaban establecidos en la verdad. Otros lo hicieron por seguir las opiniones de personas ajenas, para asegurar una opinión pública favorable a ellos mismos, para complacer a los demás, etc. Lo que no tomaron en cuenta es que el juicio de Dios por comprometer la verdad es siempre la remoción del candelero de su lugar y la retirada del Espíritu Santo y Su presencia. La gente paga un alto precio por ceder a los engaños espirituales y a los afanes egoístas. Incluso ahora, debido a que comprometieron la verdad, mucha gente está en el infierno, mientras que por la misma razón algunos cristianos no serán arrebatados por Cristo en el rapto y se quedarán en la tierra durante la tribulación.

RECHAZA LA OBRA DEL ESPÍRITU SANTO

Por increíble que parezca, este puede ser el pecado más común en la iglesia de hoy. Las iglesias rechazan la obra del Espíritu Santo con el fin de mantener una agenda predeterminada, preservar el "orden" y satisfacer a aquellos que no se sienten cómodos con las demostraciones del Espíritu. Por eso, cuando el Espíritu se manifiesta durante un servicio, muchos predicadores no le ceden el lugar ni la autoridad que le corresponde. Incluso hay ministros que no son capaces de discernir lo que proviene y lo que no proviene del Espíritu Santo. Así, el Espíritu de Dios es apagado y contristado en la iglesia, aunque la Biblia nos ordena que no permitamos que esto suceda. (Vea, por ejemplo, 1 Tesalonicenses 5:19; Efesios 4:30). Si el Espíritu Santo se aleja de una iglesia, esa iglesia se convierte automáticamente en una congregación dirigida por humanos, donde la gente convive con espíritus malignos, como los de religiosidad, manipulación y mentira. Esa es una situación peligrosa porque, externamente la iglesia puede parecer una casa de Dios, aunque el Espíritu Santo de Dios ya no habite allí. Eso abre puertas a más engaño y transgresiones espirituales.

LA MAYOR CONSECUENCIA DE RECHAZAR AL ESPÍRITU SANTO ES LA MUERTE ESPIRITUAL. ESE ES EL PELIGRO DE ABRAZAR CREENCIAS DE QUIENES ESTÁN ESPIRITUALMENTE SECOS O MUERTOS.

CARECE DE PADRES ESPIRITUALES

Cada generación que ha participado en un avivamiento ha sido liderada por creyentes que han asumido el papel de padres espirituales, intercediendo, alimentando y perpetuando el movimiento del Espíritu. Esos líderes han velado, orado, ayunado y pagado el precio para recibir el avivamiento. Lo triste es que cuando pasa la primera generación de líderes, el avivamiento tiende a extinguirse porque ellos no supieron entrenar adecuadamente a la próxima generación en el conocimiento y la práctica del poder sobrenatural que les fue impartido por el Espíritu. Incluso hoy, con tantos avances y recursos disponibles, ya sea material o virtualmente a través de la internet —incluyendo escuelas bíblicas, manuales, plataformas de capacitación, libros cristianos, etc.— todavía no tenemos muchas "escuelas del Espíritu" que capaciten a las personas en lo sobrenatural y enseñen a los creyentes a mantener los avivamientos o a continuar el legado de renovación espiritual en sus ciudades y naciones.

¿Por qué ocurre esto? Existen dos razones. Primero, durante mucho tiempo la iglesia ha rechazado el ministerio bíblico del apóstol. (Vea Efesios 4:11–12). Sin embargo, los apóstoles son los padres espirituales que Dios levanta para transferir la herencia espiritual a las nuevas generaciones. La segunda razón es una consecuencia de la primera. Sin padres espirituales, los creyentes de la siguiente generación no tienen a nadie que se invierta en ellos para continuar el avivamiento. Nadie los entrena o les transmite revelación; ¡quedan como huérfanos espirituales! Como resultado, cada generación tiene que empezar de cero, con ciertos creyentes pagando el precio de orar por avivamiento y aprender de sus propios errores y fracasos, hasta alcanzar la promesa del derramamiento del Espíritu y convertirse en padres de un nuevo movimiento sobrenatural.

Y ese es el mejor de los casos. En otras ocasiones, se requieren varias generaciones antes de que surjan nuevos líderes que llamen al avivamiento y reaviven la llama del Espíritu. Y, aun así, nadie parece capaz de dejar un legado de avivamiento a la siguiente generación. El apóstol Pablo es el mejor ejemplo de un verdadero padre espiritual. No solo dejó uno sino varios legados de su caminar con Cristo. Con amplia razón les dijo a los creyentes de Corinto: "*Porque aunque tengáis diez mil ayos en Cristo, no tendréis muchos padres; pues en Cristo Jesús yo os engendré por medio del evangelio*" (1 Corintios 4:15).

Entonces, ¿cuál es una de las principales razones para la falta de padres espirituales? Es que la iglesia no solo ha entendido mal el proceso que conduce al avivamiento, sino que también ha convertido el malentendido en una doctrina. Según muchos cristianos, los avivamientos del pasado vinieron a revitalizar la iglesia, pero nunca estuvieron destinados a prolongarse más de lo que lo hicieron. Esa mentalidad implica que los avivamientos duran un tiempo determinado, y luego se detienen, permitiéndonos volver al cristianismo "normal", donde esperamos que llegue la siguiente iniciativa del Espíritu Santo. Está claro que esos cristianos no tienen revelación alguna de la paternidad o de la herencia espiritual. Es como si tuviéramos que contentarnos con vivir de una visita del Espíritu a la otra. ¡Esto no es lo que Dios quiere! Él quiere que le hagamos espacio para morar siempre entre nosotros.

El avivamiento debe ser un estilo de vida cristiano, que nos lleve a vivir "*de gloria en gloria*" (2 Corintios 3:18). Recuerde las palabras de Hageo: "*La gloria postrera de esta casa será mayor que la primera, ha dicho Jehová de los ejércitos; y daré paz en este lugar, dice Jehová de los ejércitos*" (Hageo 2:9). La próxima generación debería ser mayor en poder y gloria que su predecesora, y la siguiente generación aún más, hasta que la tierra esté completamente llena de la gloria de Dios. (Vea Habacuc 2:14).

Como padre espiritual, mi deber es guiar a esta generación a experimentar el avivamiento de los últimos tiempos. ¡Le debo a esta generación un encuentro con el poder sobrenatural de Dios! En la cruz, Jesús pagó el precio por todos nuestros pecados. Para nosotros la salvación es gratis, pero a Él le costó la vida; Él pagó con Su sangre. Es mi responsabilidad mostrarle al mundo cómo valorar la obra de la cruz, cómo atesorar el don de la salvación y cómo pagar el precio del avivamiento.

Este es uno de mis desafíos y funciones como apóstol. Tengo que construir un puente para que la gente entre al avivamiento de los últimos tiempos con revelación, y ayude a sus hijos naturales y espirituales a seguir avivando la llama para que siga creciendo, transformando a los individuos y a las sociedades. Cuando el objetivo es ver a una generación despertar al avivamiento, ¡cualquier sacrificio vale la pena! El deseo de Dios es que el avivamiento tenga continuidad desde el comienzo de la era del Espíritu Santo en Pentecostés hasta su final, cuando Cristo regrese.

Al igual que con los hijos naturales, nuestros hijos espirituales deben ser llevados sobre nuestros hombros al principio, hasta que aprenden a caminar y luego a correr. Ellos están llamados a heredar lo que hemos logrado, llevarlo adelante, hacerlo crecer y expandirlo. Trágicamente, la generación actual, es una generación sin padres; por eso la tierra está llena de huérfanos espirituales. De ahí que, una de mis funciones como apóstol es dar paternidad espiritual y dejar un legado a esta generación. Estas son las verdaderas marcas de un apóstol. Mucha gente quiere el título y el prestigio de ser llamado "apóstol", pero no quieren aceptar las responsabilidades, experimentar las heridas, hacer los sacrificios o soportar el arduo trabajo que implica ser un apóstol semejante a Cristo. La proclamación del evangelio se ha retrasado, veinte, treinta y hasta cincuenta años en ciertos países del mundo debido a la falta de paternidad espiritual.

No creo que el legado del avivamiento haya pasado de una generación a otra en los últimos doscientos años. Reitero, la mayoría de los avivamientos han durado de ocho a diez años antes de desaparecer por varias razones, algunas de las cuales ya hemos analizado, incluyendo la falta de padres espirituales que son los que deben transmitir el legado del avivamiento. Lamentablemente, como hemos visto, este escenario se ha convertido en un patrón. La primera generación de cristianos estuvo inmersa en un poderoso avivamiento; pero cuando llegó a escena la segunda generación, el avivamiento se terminó casi de inmediato. Cuando llegó la tercera generación, el avivamiento fue olvidado. La iglesia se convirtió en nada más que una organización atractiva para las masas; el cristianismo lo dejaron para ser desarrollado por personas que compartían meras relaciones y objetivos humanos. Por lo tanto se permitió que el movimiento y las manifestaciones del Espíritu Santo disminuyeran hasta que la gente se quedó únicamente con fórmulas, rituales, hermandades religiosas, denominaciones e instituciones donde había actividades, pero donde la presencia del verdadero Dios brillaba por su ausencia; donde la gente era entretenida, pero sus vidas no eran transformadas. Este es el caso de la generación actual. Muchos poderosos "generales" de recientes avivamientos han partido para estar con el Señor —Oral Roberts, Kenneth Hagin y T. L. Osborn, entre otros— y sus movimientos se han ido con ellos.

¿Qué debemos aprender de todo esto? Debemos ser críticamente conscientes de que tenemos que transmitir un legado a nuestros hijos espirituales, para que ellos mantengan vivo el movimiento del Espíritu y lo lleven a más personas, más ciudades y más naciones. Insisto, mi tarea como padre espiritual es permitir que esta generación experimente el avivamiento definitivo, y mostrarle el precio que tendrá que pagar para conseguirlo.

SI LOS PADRES ESPIRITUALES INVIERTEN SU VIDA EN LA PRÓXIMA GENERACIÓN, EL AVIVAMIENTO PERMANECERÁ Y SE MANTENDRÁ.

ES ENGAÑADA POR LA APOSTASÍA DE LOS ÚLTIMOS TIEMPOS

Hoy, ante nuestros ojos, estamos viendo la apostasía de los últimos tiempos que fue profetizada en la Biblia. Millones de personas se están alejando de su fe en Cristo. El número de los que asisten a la iglesia está disminuyendo debido a la apostasía que está azotando la tierra. *"Pero el Espíritu dice claramente que en los postreros tiempos algunos apostatarán de la fe, escuchando a espíritus engañadores y a doctrinas de demonios; por la hipocresía de mentirosos que,* [tienen] *cauterizada la conciencia"* (1 Timoteo 4:1–2). ¡Esto está sucediendo ahora! Hay personas que habiendo sido creyentes una vez, ahora niegan a Cristo abiertamente. Se han convertido en enemigos de Dios, negando la obra terminada de Jesús en la cruz y Su resurrección, apagando y contristando al Espíritu Santo y Su poder sobrenatural. No creen en el rapto ni en la segunda venida de Cristo y tergiversan la verdad o la niegan directamente.

> *Pero con respecto a la venida de nuestro Señor Jesucristo, y nuestra reunión con él, os rogamos hermanos, [...] Nadie os engañe en ninguna manera; porque no vendrá sin que antes venga la apostasía, y se manifieste el hombre de pecado, el hijo de perdición.*
>
> (2 Tesalonicenses 2:1, 3)

Como hemos visto, esta era de apostas*ía* ha dado a luz una iglesia que se acomoda a aquellos que comprometen la verdad por temor a ofender a la gente. Con el fin de evitar que la gente abandone la iglesia o se vaya a otra congregación, muchas iglesias no dudan en comprometer sus principios fundamentales, incluso si eso significa convertirse en una iglesia meramente cómoda y divertida para sus miembros, que calma las emociones de las personas pero las deja libres para seguir en su pecado, que no les dice lo que le desagrada al Señor ni les enseña cómo Dios quiere transformar sus corazones. Esa clase de iglesia acepta la rebelión, el pecado, el orgullo y la lujuria de la humanidad. Así es como muchas congregaciones retienen su membresía en la actualidad.

EL ESPÍRITU DE APOSTASÍA HA CAUSADO DIVISIÓN EN EL CUERPO DE CRISTO: HA COLOCADO LA IGLESIA SOBRENATURAL DE UN LADO Y A LA IGLESIA "BUSCADORA DE AMIGOS" EN EL OTRO.

Es tiempo de que la novia remanente clame por un avivamiento para que la iglesia de Cristo pueda despertar de su sueño profundo, se arrepienta, renuncie al espíritu de engaño y reciba del Señor "*tiempos de refrigerio*" (Hechos 3:19). Aunque la creciente influencia del espíritu de apostasía se predice en la profecía bíblica de los últimos tiempos, podemos orar para que los cristianos salgan de su letargo e indiferencia espiritual y sean reavivados con el fuego santo de Cristo.

HAGA ESPACIO PARA EL ESPÍRITU

En este capítulo hemos aprendido las principales razones por las que los avivamientos terminan: la iglesia critica los elementos del avivamiento; compromete la verdad; rechaza la obra del Espíritu Santo; carece de padres espirituales; y se deja engañar por la apostasía de los últimos tiempos. Ahora que sabemos todo esto, ¿cómo debemos responder? Debemos corregir estos errores para que el avivamiento pueda volver. Si no lo hacemos, experimentaremos las siguientes consecuencias: la presencia de Dios se irá de (o no regresará a) nosotros; entraremos en una oscuridad espiritual; la próxima generación tendrá que empezar desde cero para ver un avivamiento; la iglesia carecerá de padres espirituales; y el espíritu de apostasía continuará engañando a los hijos de Dios. ¡No podemos permitir que esto pase! ¡Debemos dejar que el celo del Señor nos mueva a ponernos de pie y ser la voz de la verdad de Dios en la tierra, para denunciar lo que está mal, y hacer espacio para que el Espíritu Santo derrame Su fuego y traiga el último y más grande avivamiento que esta tierra haya visto jamás!

TESTIMONIOS DE LOS ÚLTIMOS TIEMPOS

Una joven de dieciséis años llamada Jael fue transformada por Dios a través de mi libro *Oración de Rompimiento*. Ella experimentó el poder del Espíritu Santo que cambia vidas. Hoy, ella ve Su poder diariamente en el ministerio argentino de sus padres, Diego y Roxana, quienes están bajo la cobertura del Ministerio El Rey Jesús.

> Mi nombre es Jael y pertenezco a una iglesia en Argentina, fundada por mis padres, llamada Ministerio Herederos de la Promesa. Desde que mi familia y yo comenzamos a hacer la obra de Dios en esa iglesia, he podido experimentar el poder de Dios como líder de jóvenes en mi nación. Todo comenzó cuando recibí el libro *Oración de Rompimiento*. Anteriormente yo tenía una relación con Dios, pero no era una relación íntima ni diaria. Después de leer ese libro, comencé a entender quién es Dios. Empecé a respetar Su presencia y a conocerlo verdaderamente. Cuanto más leía, más aumentaba mi deseo de orar. Comencé a orar con mayor intimidad, y Dios comenzó a darme una revelación profunda de Su palabra. Nadie oró por mí para experimentar estas cosas, y nadie

necesitaba hacerlo. Fue el Espíritu Santo quien me bautizó y me llevó a arrepentirme y a cambiar mi relación con Dios y con otras personas. Empecé a relacionarme con los demás, a tener amor y compasión por ellos.

Hoy, nuestro ministerio está creciendo e impactando vidas. Durante esta difícil crisis [la pandemia de coronavirus] hemos sido testigos del avivamiento de los últimos tiempos. El pueblo de Dios se está manifestando, y vemos el mover del remanente. ¡Poderosos milagros financieros están ocurriendo! En solo tres semanas, hemos ganado trescientas almas para Cristo a través de nuestros servicios en línea, incluso en medio de la cuarentena.

Me gustaría compartir el testimonio de un hombre de veintiún años, quien de niño fue obligado a formar parte de una banda de narcotraficantes y ladrones a la que pertenecían sus padres. Él sufrió mucho abuso allí; pero pudo escapar de esa influencia y ser libre a través de nuestro ministerio.

> Mi nombre es Matías. Vivía en Buenos Aires, y mi familia pertenecía a un grupo de ladrones, narcotraficantes y asesinos. Durante mi infancia vi cosas horribles. Mi padre fue asesinado a puñaladas a mi lado. Vi a otras personas morir a tiros, incluyendo una bebé. Mi mamá me usó para salir a robar para ella. Pero yo era muy joven y no quería robar, así que me quedaba en las esquinas donde había semáforos y pedía dinero a la gente. Un día, unas personas me vieron y le dijeron a mi mamá lo que estaba haciendo. Como castigo me encerraron en un baño muy sucio y oscuro. Allí, dos hombres me golpearon, me apuñalaron y me quebraron los dientes. De niño sufrí muchos abusos: mi mamá me golpeaba tanto la cabeza contra la pared que luego se me hacía difícil hablar. No me gustaba que llegara la noche porque sabía que las palizas serían peores. Nadie me hablaba ni me decía nada. Pronto me convertí en un adicto, tomaba pastillas y drogas. Finalmente, llegó el momento cuando supe que ya no quería vivir ese tipo de vida. Entonces, algunos amigos de Olavarría (una ciudad

lejana) me buscaron y me sacaron de esa situación en que vivía. Me dijeron que podría terminar la escuela. Estuve en tratamiento por un año en Olavarría. Una vez que mejoré, quise buscar a las personas que me habían lastimado y vengarme, pero Dios siempre estuvo conmigo y evitó que eso sucediera.

Un día, estaba sentado frente a un río con deseos de suicidarme, cuando escuché una voz que me decía: "Tú tienes un propósito". Gracias a Dios, hoy estoy vivo y puedo hablar, a pesar de mi antigua lesión. Además, me dijeron que me quedaría ciego, pero puedo ver.

Conocí a Dios a través de un hombre que me llevó a una reunión de Casa de Paz. Sin embargo, todavía estaba lleno de miedo y me escapé de allí. Pero el hombre no se dio por vencido. Me habló de nuevo y me llevó a la iglesia. Ahora, sigo a Dios. Sirvo como ujier y conozco mi propósito. Mi vida fue dura, pero Dios la cambió. Aquí he encontrado una familia real y padres espirituales. Ellos me han ayudado y me han aconsejado; fueron mis principales ejemplos como padres. Nunca podría llamar a mis padres biológicos "Papá" y "Mamá"; pero sí podría hacerlo con estas personas. Pude perdonar a mi familia biológica. Experimenté lo que es tener verdaderas amistades. Dios nunca me dejó solo. No me rechazó ni me abandonó. Me dio fuerza, paz y un amor que nunca había experimentado.

Nuria Serrano es una joven que, después de experimentar el amor de Dios, dejó nuestra iglesia y regresó a su antigua vida en el mundo. Diez años después, su vida estaba bajo un fuerte ataque espiritual, especialmente en su salud mental. La intervención de Dios la salvó y avivó lo que estaba muerto en su interior. La trajo de regreso a Su presencia y a una relación íntima con Él.

Hace diez años servía como anciana en el Ministerio El Rey Jesús, pero el divorcio de mis padres y los problemas familiares contribuyeron a la falta de sanidad en mis emociones. Mi relación con

Dios comenzó a enfriarse porque no le dediqué el tiempo necesario, a pesar de que pasaba muchas horas sirviendo en la iglesia. Una cosa me llevó a la otra, pero no fue hasta que tuve un desacuerdo con mi mentor que decidí dejar la iglesia. Muchas cosas pasaron después de eso, pero a principios del año pasado, todo aquello que no había rendido delante de la presencia de Dios comenzó a verse reflejado en mi salud física. Comencé a sufrir ataques de pánico y ansiedad. No podía trabajar, no podía manejar mi carro y tenía que dormir con alguien más en el cuarto porque no podía manejar mis emociones. Comencé a tener pensamientos de suicidio y terminé en un hospital psiquiátrico en contra de mi voluntad, debido a un mandato de la Ley Baker.[98]

Mientras estaba en la sala de espera del hospital, miré a mi alrededor y sentí que no pertenecía allí. Entonces, cerré los ojos y dije: "Dios, Tú eres todo lo que tengo. Aquí no hay nadie más que Tú y yo. Sácame de aquí". En ese momento, supe que tenía que volver a Dios. Una hora más tarde, el doctor me dijo: "No perteneces aquí. Llama a alguien que venga a recogerte". Todavía confundida y sin entender cómo había terminado allí, qué estaba pasando o de dónde venían esos pensamientos, llamé a mi jefe a mi trabajo. Me llevó a casa y me dijo: "Tienes que volver a la iglesia". Sabía que Dios me estaba llamando de regreso allí, así que llamé a uno de mis antiguos discípulos y me invitó a un retiro de liberación. Desde ese día en adelante, mi vida no ha sido la misma. Todo ha cambiado. He podido ver el mover de Dios en mi vida de una nueva manera. ¡Estoy muy feliz! Y sé que veré cumplidas sus promesas. Yo sé que lo que Dios tiene para mí es maravilloso. Aunque no entendía lo que estaba pasando, Dios tenía todo planeado. Él convirtió todo lo que era malo en mi vida en un proceso que me condujo de nuevo a Su presencia. Ahora puedo servirle y ver sus promesas cumplidas. Él produjo un avivamiento dentro de mí, y ahora puedo ver Su gloria cada día.

---

98. La Ley Baker es una ley de Florida que permite a los familiares y seres queridos solicitar servicios de salud mental de emergencia y la detención temporal de personas discapacitadas debido a una enfermedad mental, ya que por sí solas no pueden determinar su necesidad de tratamiento.

CAPÍTULO 10

EL PROPÓSITO DEL AVIVAMIENTO

Vivimos en un tiempo de restauración. Dios está restableciendo muchas verdades y principios en la iglesia para que podamos experimentar las realidades espirituales que formaban parte de Su intención original para la humanidad. La primera de estas restituciones es la restauración de Su presencia en nuestras vidas. La intención original de Dios era que los seres humanos habitasen permanentemente en Su presencia. Él no quiere simplemente "visitarnos" de vez en cuando; Él anhela *vivir entre nosotros*. Por eso, en estos últimos tiempos, veremos manifestaciones inusuales de la presencia de Dios que restaurarán a la humanidad al lugar de privilegio que nuestro Padre celestial nos asignó. Estar en la presencia de Dios es como estar cara a cara con Él. Hoy, Él nos llama al arrepentimiento, que nos devolverá a ese maravilloso lugar de estar en Su presencia.

> *Así que, arrepentíos y convertíos, para que sean borrados vuestros pecados;* ***para que vengan de la presencia del Señor tiempos de refrigerio****, y él envíe a Jesucristo, que os fue antes anunciado; a quien de cierto es necesario que el cielo reciba* ***basta los tiempos de la restauración de todas las cosas****, de que habló Dios por boca de sus santos profetas que han sido desde tiempo antiguo.* (Hechos 3:19–21)

Cuando el pueblo de Israel anduvo por el desierto en su camino a la tierra prometida, la presencia de Dios estuvo continuamente con ellos, manifestada como columna de nube de día y como columna de fuego de noche. (Vea, por ejemplo, Éxodo 13:21–22). Sin embargo, los israelitas dieron por sentada la presencia continua de Dios con ellos, sin valorar Su cercanía. Lo mismo está sucediendo en la iglesia actual. Hemos tomado la presencia de Dios a la ligera e incluso hemos abusado de Sus propósitos para nosotros, al enfocarnos en obtener beneficios personales de Él en lugar de buscar Su presencia y permitir que nos transforme a imagen y semejanza de nuestro Creador.

EL AVIVAMIENTO VIENE A DESPERTAR Y RESTAURAR LOS CORAZONES DE LA GENTE HACIA DIOS.

Una actitud similar es la que existe entre algunas personas en la iglesia, que creen que el propósito del avivamiento es "pasar un buen rato" o simplemente tener experiencias emocionales como reír, llorar, danzar, caerse o rodar por el piso. Ellos confunden el avivamiento con el entretenimiento que satisface los sentidos y deseos naturales de la carne, pero que, en sí mismo, no produce transformación. Tales actitudes son otras de las razones por las que la mayoría de los avivamientos nunca alcanzan su máximo potencial y tienden a desvanecerse después de ocho o diez años.

Estar en la presencia de Dios implica ser transformado. Cuando una persona realmente cambia, su transformación se hace evidente para quienes la rodean, pues tiene nueva perspectiva y comportamiento. A veces, incluso puede haber una señal tangible de que un creyente ha estado en la presencia de Dios. El ejemplo bíblico más prominente es cuando el rostro de Moisés brilló después de haber estado con el Señor en el Monte Sinaí:

> *Y aconteció que descendiendo Moisés del monte Sinaí con las dos tablas del testimonio en su mano, al descender del monte, no sabía Moisés que la piel de su rostro resplandecía, después que hubo hablado con Dios. Y Aarón y todos los hijos de Israel miraron a Moisés, y he aquí la piel de su rostro era resplandeciente; y tuvieron miedo de acercarse a él.*
>
> (Éxodo 34:29–30)

LOS PROPÓSITOS DE DIOS EN EL AVIVAMIENTO

Para entender por qué Dios trae avivamiento, comencemos por revisar el significado de *propósito* en relación con una persona u objeto. Generalmente, el *propósito* se refiere a la razón fundamental por la cual se creó algo. Una definición de *propósito* según el diccionario es "algo establecido como un objetivo o un fin a ser alcanzado.[99] En un contexto bíblico, el propósito de la creación es la intención original de Dios al hacer todas las cosas en la tierra y dar vida a la humanidad. Como todo lo que Dios hace, el avivamiento tiene propósitos definidos y específicos. Exploremos varios de esos propósitos.

RESTAURAR LA HUMANIDAD A LA PRESENCIA DE DIOS

La humanidad estaba destinada a vivir en la presencia de Dios y a experimentar Su gloria manifiesta. La gloria manifiesta de Dios es la expresión de Su amor, santidad y soberanía. Como leemos en Génesis, la vida humana comenzó en la presencia de Dios. Su vida y presencia fueron el fundamento y sustento de la existencia misma de la humanidad. Pero cuando los seres humanos desobedecieron a Dios al comer la fruta del Árbol del Conocimiento del Bien y del Mal, que Él les había ordenado no hacer, lo primero que ellos hicieron fue huir de la presencia de Dios y esconderse de Él. "*Y oyeron la voz de Jehová Dios que se paseaba en el huerto, al aire del día; y el hombre y su mujer* ***se escondieron de la presencia de Jehová Dios*** *entre los árboles del huerto*" (Génesis 3:8).

Antes que Adán y Eva cayeran, toda su vida estaba llena de la presencia de Dios. "*Me mostrarás la senda de la vida; en tu presencia hay plenitud de gozo; delicias a tu diestra para siempre*" (Salmo 16:11). Cuando pecaron, perdieron todo lo que tenía verdadero valor. Mientras permanecieron en la presencia de Dios, los seres humanos lo tenían todo. Pero fuera de esa presencia, no tenían nada. Se volvieron incompletos, deformes y vacíos. Por lo tanto, no es sorprendente ver que, sin Dios, la gente vive la vida tratando de encontrar en otras fuentes la plenitud. Algunas personas se consagran por completo al trabajo; otros se dedican al deporte, al entretenimiento o al placer sexual; aún otros caen en las drogas, la delincuencia u otros vicios; y así sucesivamente. A través de diversas vías, las personas buscan llenar el

99. *Merriam-Webster.com Dictionary*, s.v. "purpose" ["propósito"], https://www.merriam-webster.com/dictionary/purpose.

vacío de su ser interior, el cual solo puede ser llenado por la presencia de Dios. Jesús dio Su vida en la cruz, venció a la muerte y resucitó para que nuestra relación con el Padre pudiera ser restaurada, a fin de que pudiéramos volver a tener acceso a la gloriosa y vivificante presencia de Dios.

PARA CREER EN ALGO, DEBEMOS CONOCER SU PROPÓSITO.

Después de la caída de la humanidad, el Padre prometió que Jesús vendría a redimir a los seres humanos para que no tuvieran que vivir lejos de Su presencia para siempre. (Vea Génesis 3:15). Dios anhela que seamos restaurados. La razón fundamental por la que Él creó a los seres humanos fue para tener comunión y compañerismo con ellos.

La venida de Jesús a la tierra como ser humano para ser nuestro Salvador está escrita tanto en el Antiguo como en el Nuevo Testamento, incluyendo los siguientes versículos: "*Por tanto, el Señor mismo os dará señal: He aquí que la virgen concebirá, y dará a luz un hijo, y llamará su nombre Emanuel*" (Isaías 7:14). "*He aquí, una virgen concebirá y dará a luz un hijo, y llamarás su nombre Emanuel, que traducido es:* ***Dios con nosotros***" (Mateo 1:23). El Señor vino a redimirnos de nuestros pecados para poder morar entre nosotros de nuevo: "*¿Y qué acuerdo hay entre el templo de Dios y los ídolos? Porque vosotros sois el templo del Dios viviente, como Dios dijo: Habitaré y andaré entre ellos, y seré su Dios, y ellos serán mi pueblo*" (2 Corintios 6:16).

Por lo tanto, el propósito de la restauración total de la presencia de Dios en nuestras vidas es que Él, como Emanuel, viva con Sus hijos. Al final del libro de Apocalipsis leemos: "*He aquí el tabernáculo de Dios con los hombres, y él morará con ellos; y ellos serán su pueblo, y Dios mismo estará con ellos como su Dios*" (Apocalipsis 21:3).

Nuestra salvación en Jesús nos hace volver a vivir en la presencia de Dios, que es nuestro propósito original. Este propósito de vivir en Su presencia está por encima de cualquier otro llamado, ministerio o don que hayamos recibido. Sólo si vivimos en Su presencia podremos cumplir con los llamados, ministerios y dones, de manera adecuada, saludable y fructífera.

Dios no quiere nuestra "religión". Tampoco quiere que ejerzamos poder espiritual fuera del contexto de nuestra relación con Él. El Señor no desea personas que afirmen tener fe en Él, pero no vivan con Él. Dios desea tener una relación con las personas creadas con amor a Su imagen. Cuando seamos restaurados a Su presencia y habitemos con Él, ¡el avivamiento vendrá!

LA PERSONA QUE NO HA SIDO RESTAURADA A LA PRESENCIA DE DIOS PRACTICA MERAS RUTINAS Y RITOS RELIGIOSOS.

En el ámbito de lo sobrenatural hay tres dimensiones: la fe, la unción y la gloria. Vivir en cada una de estas dimensiones es una experiencia distinta. Vivir por fe es vivir por principios; vivir por la unción es vivir por el poder de Dios; pero vivir por la gloria es vivir en la presencia de Dios. Vivir en la dimensión de la gloria significa tener una relación estrecha e íntima con el Señor, la Fuente original de todo poder y los principios que lo sustentan. Vivir por fe exige trabajo, pero vivir en Su presencia nos permite descansar en Dios mientras Él hace la obra. Cuando descansamos en Él, los milagros surgen de esa intimidad.

Nuestra fe se mide por lo que sabemos y hacemos, pero la presencia de Dios no se puede medir porque está sujeta a Su soberanía. Vivir por fe y unción es importante, pero vivir en la presencia de Dios es vital. Para un cristiano, vivir en la presencia de Dios es una cuestión de vida o muerte. Si no vivimos en Su presencia, no podremos irnos con Cristo cuando Él venga por Su iglesia. Sólo cuando la presencia de Dios sea restaurada en un individuo o en una congregación vendrá el verdadero avivamiento.

TODO AVIVAMIENTO COMIENZA CON LA RESTAURACIÓN DEL HOMBRE A LA PRESENCIA DE DIOS.

El pueblo elegido por Dios —los israelitas— para quienes Él obró muchos de los mayores prodigios y milagros de la historia, perdió la presencia del Dios Todopoderoso, o *El Shaddai*, uno de los nombres por los que era conocido entre los patriarcas. Durante una batalla entre los israelitas y los filisteos, estos últimos capturaron el arca del pacto, que es donde Dios manifestaba Su presencia. En esa misma ocasión los filisteos mataron a los dos hijos del sacerdote Elí. Cuando Eli escuchó la terrible noticia, cayó de espaldas y murió. Su nuera, que tuvo un parto prematuro, llamó a su hijo recién nacido *Ichabod*, que significa "sin gloria". Antes de morir, ella dijo: "*Traspasada es la gloria de Israel; porque ha sido tomada el arca de Dios*" (1 Samuel 4:22).

Del mismo modo, la presencia de Dios está ausente en muchas iglesias hoy en día. ¿Qué aspecto tiene una iglesia sin la presencia del Señor? Todo parece correcto y en orden, y la iglesia da la impresión de estar funcionando bien; pero en realidad, es impersonal, espiritualmente impotente, seca y muerta. Se inclina hacia lo natural en lugar de lo sobrenatural, hacia el entretenimiento y los mensajes motivacionales en lugar de la Palabra de Dios. El hecho es que, donde no hay presencia de Dios, la gente acepta una religión en base a fórmulas, métodos y ritos; se contenta con métodos racionales y humanos, sin darse cuenta que está perdiendo lo más importante.

LA PRESENCIA DE DIOS ES EL ÁMBITO DE LA PROVISIÓN TOTAL.

Además, hay algunos cristianos que creen que la presencia de Dios vendrá si cantan ciertas canciones, predican de cierta manera o sobre un tema determinado, o lloran y gritan. Otros piensan que un templo lleno indica que allí está la presencia de Dios. Se enfocan en las apariencias externas en lugar de buscar Su presencia genuina. Así se involucran en obras muertas, con la esperanza de experimentar la vida de Dios a su manera. Sin embargo, cuando realmente buscamos al Dios vivo, llegamos a entender que los métodos y fórmulas no funcionan. Aprendemos que necesitamos revelación para ser restaurados a Su presencia. Hasta que no entendamos y actuemos en base a esta verdad, no tendremos una iglesia genuina. Podemos tener un club, una organización o incluso una institución religiosa, pero no una iglesia. No tendremos la vida del Espíritu. Por eso, los últimos tiempos traerán un avivamiento que lo incluye todo. Nada faltará porque la presencia de Dios traerá prosperidad, alegría, paz, milagros, salud, transformación, descanso y mucho más. Todo lo de Dios estará presente y será visible para todos.

TRANSFORMAR LA SOCIEDAD

En la iglesia moderna hay muchas enseñanzas y prédicas. Sin embargo, el avivamiento no se ha extendido mucho porque la mayor parte de esas enseñanzas y predicaciones están dirigidas a la mente, no al corazón. La fe se considera un ejercicio mental que no involucra el corazón. Sin embargo, buena parte del ministerio de Jesucristo en la tierra incluía liberar a los oprimidos y sanar a los quebrantados de corazón:

> *El Espíritu del Señor está sobre mí, por cuanto me ha ungido para dar buenas nuevas a los pobres; me ha enviado a sanar a los quebrantados de corazón; a pregonar libertad a los cautivos, y vista a los ciegos; a poner en libertad a los oprimidos; a predicar el año agradable del Señor.* (Lucas 4:18–19)

Si el corazón de una persona no es tocado por la presencia de Dios, permanecerá endurecido, y esa persona no cambiará.

EL AVIVAMIENTO QUE CAMBIA EL CORAZÓN TRAE RESTAURACIÓN, TRANSFORMACIÓN Y REFORMA A LA SOCIEDAD EN SU CONJUNTO.

Cada avivamiento que ha impactado la tierra ha sorprendido a la gente, no solo por las señales sobrenaturales que ha traído, sino también por la transformación que ha causado en los corazones de los individuos. El comportamiento de aquellos que antes vivían sin Dios y sin esperanza comienza a cambiar. Esos individuos ya no se dedican a la blasfemia, al lenguaje obsceno, a la mentira, a la embriaguez, a la inmoralidad, a la amargura, a la ira, a la deshonestidad, al egoísmo y otras transgresiones más. Por ejemplo, el avivamiento de Pensacola que se produjo entre mediados y finales de los años 90 fue un avivamiento de la presencia de Dios que lidió con el corazón; como resultado, tuvo un impacto mundial. Si un avivamiento se queda corto en resultados, es porque la gente no cede su corazón para ser cambiado.

Hoy en día, el "arca del pacto", o la presencia de Dios, habita en el interior de los creyentes. Su presencia ya no mora en un tabernáculo físico o un templo, sino en los corazones de cada uno de nosotros. (Vea, por ejemplo, 1 Corintios 3:16). Hoy, la gran necesidad es que el tabernáculo de nuestros corazones sea purificado. En el avivamiento, el Señor obra en nuestros corazones para transformar nuestro carácter; Él limpia nuestros motivos e intenciones. Esa transformación no es una emoción pasajera; es un cambio de vida radical y completo. Cuando reconocemos que todavía hay partes de nuestro ser que necesitamos entregar a Dios, espontáneamente comenzamos a humillarnos ante Su presencia. *"Si se humillare mi pueblo, sobre el cual mi nombre es invocado, y oraren, y buscaren mi rostro, y se convirtieren de sus malos caminos; entonces yo oiré desde los cielos, y perdonaré sus pecados, y sanaré su tierra"* (2 Crónicas 7:14). A medida que el pueblo de Dios humilla sus corazones ante Él y se transforma en Su presencia, tal transformación no puede pasar desapercibida para el resto de la sociedad.

EL AVIVAMIENTO DE LOS ÚLTIMOS TIEMPOS COMIENZA EN EL CORAZÓN, DONDE HABITA LA PRESENCIA DE DIOS, Y TRANSFORMA LAS VIDAS DE LOS INDIVIDUOS QUE LUEGO PUEDEN TRANSFORMAR SUS COMUNIDADES Y NACIONES.

Sabemos que esta generación será testigo del gran avivamiento que está a punto de sacudir la tierra. Este avivamiento cambiará radicalmente la sociedad porque comenzará en los corazones de la gente. Será la respuesta al quebrantamiento que la gente experimentará después del sacudimiento de todas las cosas. Trascenderá las cuatro paredes de la iglesia y se extenderá a personas que nunca hubiéramos imaginado que podrían ser alcanzadas. Dios se revelará a las personas en lugares inusuales. ¿Recuerda cómo Cristo se reveló a Pablo cuando se dirigía a Damasco para continuar arrestando y matando cristianos, y cómo la vida de Pablo cambió radicalmente? (Vea Hechos 9:1–22; 26:4–23). ¿Y recuerda cómo Felipe, guiado por el Espíritu, explicó el evangelio al eunuco etíope que estaba leyendo las Escrituras mientras iba por el camino de Jerusalén a Gaza? Fue el Señor mismo quien tocó el corazón del eunuco y lo hizo desear ser bautizado en aguas como señal de su nueva vida en Cristo. (Vea Hechos 8:26–39).

Hoy en día, Dios en Su soberanía está alcanzando directamente a las personas. Estamos oyendo de encuentros inusuales en los que el Señor se está apareciendo a los musulmanes en sueños y visiones. Por ejemplo, Ibn Yakoobi y otros extremistas musulmanes en África central atacaron a cristianos que estaban orando en una iglesia. Destruyeron el edificio de la iglesia e intentaron matar al pastor, pero no tuvieron éxito porque Dios protegió a Su pueblo de forma dramática. Después de presenciar la protección sobrenatural de Dios, Ibn quedó lleno de preguntas, pero cuando él desafió a los líderes musulmanes locales por oponerse a los cristianos, lo golpearon severamente. Tendido en el suelo, con los huesos rotos, Ibn tuvo una visión de Jesús, quien le dijo: "Eres curado por Mi llaga. Eres purificado por Mi sangre. Tienes la salvación por Mi muerte. Y tienes la vida eterna por Mi resurrección. Ahora te doy un nuevo corazón y una nueva vida. Se fiel". Ibn creyó en Cristo, y él y otros de los atacantes musulmanes se hicieron cristianos, pidieron perdón a los miembros de la iglesia y ayudaron a reconstruir el templo.[100]

Este gran avivamiento no vendrá de un líder en particular, porque el Espíritu Santo es quien avivará el corazón de cada persona. Un individuo cuyo corazón ha sido transformado provocará la transformación de una familia; esa familia transformará una ciudad; esa ciudad transformará una nación; y esa nación transformará otras naciones. Toda esta transformación se acumulará, y cuando el avivamiento esté en su apogeo, habrá un derramamiento espontáneo de la gloria de Dios. *"Venid y volvamos a Jehová; porque él arrebató, y nos curará; hirió, y nos vendará. Nos dará vida*

100. Minoo Hussain, "Dios restaura y redime: una asombrosa actualización del ataque a la Iglesia africana", Biblias para el Medio Oriente, 19 de marzo de 2017, https://www.bibles4mideast.com/home-1/2017/03/19/god-restores-and-redeems-an-astounding-update-of-attack-on-the-african-church.

después de dos días; en el tercer día nos resucitará, y viviremos delante de él" (Oseas 6:1–2).

EL AVIVAMIENTO COMIENZA EN EL INTERIOR DE LAS PERSONAS CUANDO RESPONDEN AL IMPULSO DEL ESPÍRITU SANTO; LUEGO, EL DERRAMAMIENTO DE LA GLORIA VIENE DEL CIELO A LA TIERRA COMO OBRA SOBERANA DE DIOS.

Hay cristianos que tienen experiencias sobrenaturales cuando van a la casa de Dios, pero cuando regresan a casa, sus vidas siguen siendo las mismas. Tienen un encuentro momentáneo y circunstancial, pero no ocurre nada transformador. Pueden sentir la presencia de Dios porque Él es real y se da a conocer, pero no rinden sus corazones para recibirlo. Algunas personas están muertas por dentro, por lo que se enfocan en lo externo; responden a estímulos pero no reciben vida; por eso no cambian. Si queremos ver nuestra sociedad transformada, debemos permitir que la unción del Espíritu Santo penetre en nuestros corazones, porque ahí es donde ocurre el verdadero cambio. Nosotros mismos debemos ser transformados en la presencia de Dios para traer avivamiento a otros en la iglesia. ¡Entonces, el avivamiento se extenderá por todas partes, transformando la sociedad!

NO BASTA CON SER TOCADOS POR LA PRESENCIA DE DIOS. DEBEMOS SER TRANSFORMADOS PARA QUE EL AVIVAMIENTO LLEGUE A TODA LA SOCIEDAD.

LIMPIAR A LA NOVIA DE TODA CONTAMINACIÓN

> *...Cristo amó a la iglesia, y se entregó a sí mismo por ella, para santificarla, habiéndola purificado en el lavamiento del agua por la*

palabra, a fin de presentársela a sí mismo, una iglesia gloriosa, que no tuviese mancha ni arruga ni cosa semejante, sino que fuese santa y sin mancha. (Efesios 5:25–27)

El avivamiento siempre está relacionado con lo que Cristo quiere hacer por Su novia. En este avivamiento de los últimos días, más que nunca, el propósito de Jesús es preparar a la iglesia para Su venida. Como se describe en la parte I de este libro, el sacudimiento viene a eliminar de la iglesia todo lo que no le agrada a Dios. Después del sacudimiento viene el avivamiento que purifica los corazones de las personas de toda inmundicia, para que finalmente sean transformados.

Si anhela la venida del Hijo de Dios, debe limpiar su vida de toda contaminación de carne y de espíritu. (Vea 2 Corintios 7:1). No puede haber pecado ni mezclas de espíritus. No puede haber un poquito de Dios y un poquito de carne, tampoco un poco de santidad y un poco de pecado. En resumen, debemos ver el avivamiento como la provisión de Dios para que seamos purificados y no nos perdamos el rapto.

JESÚS VIENE POR UNA IGLESIA GLORIOSA, SANTA, INMACULADA E INCORRUPTIBLE.

RESTAURAR LA RELACIÓN DEL HOMBRE CON DIOS

Antes vimos que el propósito principal del avivamiento es restaurar a la humanidad a la presencia de Dios. Esa restauración ocurre cuando la iglesia vuelve a entrar en relación con su Creador. Para entender mejor esta verdad, podemos dividir en dos etapas la obra del Espíritu Santo en la vida de las personas. La primera etapa lleva a las personas a nacer de nuevo y tener una nueva vida en Cristo, iniciando así una relación íntima y personal con el Padre. La segunda etapa consiste en transformar los corazones de esas personas, y culmina cuando la vida de Dios habita plenamente en ellos. Si sus corazones no cambian, será difícil que su relación con el Padre sea restaurada.

Actualmente, la mayor parte de la iglesia está menguando en su relación con Dios; carecen de comunión con Él. Por eso el avivamiento es tan necesario. Todo lo que Jesús hizo en la tierra como hombre se debió a Su relación con el Padre a través del Espíritu Santo. (Vea, por ejemplo, Juan 5:19). Como hijos de Dios, se nos ha dado la misma relación que Jesús tuvo con el Padre a través del Espíritu Santo, quien fue enviado a nosotros con ese propósito, después que Cristo ascendió al Padre.

LA RELACIÓN CON DIOS ES UNA CONDICIÓN PARA VIVIR EN SU PRESENCIA.

La relación es lo que atrae a Dios hacia nosotros; a través de esa comunión, Él revela Su presencia. El Padre está buscando personas transparentes que quieran tener una profunda e íntima relación con Él. Los seres humanos fueron diseñados para tener comunión con su Creador. *"Mas la hora viene, y ahora es, cuando los verdaderos adoradores adorarán al Padre en espíritu y en verdad; porque también el Padre tales adoradores busca que le adoren"* (Juan 4:23). Esta es la restauración que traerá el avivamiento de los últimos tiempos: hombres y mujeres con corazones transformados, puros y sin mancha adorarán al Padre *"en espíritu y en verdad"*. Cuando esto ocurra, el regreso de Jesús será inminente.

La relación con Dios no es automática o instantánea; es algo en lo que debemos trabajar e invertir tiempo, dando muerte al "yo" cada día. Esta relación se produce a través de la oración y se desarrolla a través de la oración persistente. A través de la oración, llegamos a conocer el corazón de Dios y gradualmente nos acercamos más a Él. Jesús se relacionó íntimamente con el Padre a través de la oración, porque la oración no es más que la comunicación entre dos personas que se aman. En el fondo, los que no les gusta la oración están diciendo que no aceptan el compromiso de vida que supone mantener la relación con el Padre celestial. Ellos no persiguen la relación, porque no quieren dedicar tiempo a orar (a conocerle) ni a buscar esa intimidad. Quienes buscan a Dios en oración son más sensibles a la presencia de Dios y responden más rápidamente a ella, porque sus corazones están entregados a Él y a mantener una relación con Él. Donde no hay relación, las personas son frías e insensibles a los asuntos espirituales, y no están dispuestas a recibir la presencia de Dios. El avivamiento revela el verdadero estado de nuestra relación con el Padre y produce un realineamiento en nuestra vida de oración. Sólo el arrepentimiento hará que nuestros corazones se vuelvan a la oración.

NUESTRA RELACIÓN DIARIA CON DIOS SE REFUERZA A TRAVÉS DE LA ORACIÓN. COMO RESULTADO, EMPEZAMOS A DAR NUEVOS FRUTOS Y A RECIBIR RESPUESTAS A NUESTRAS PETICIONES.

Cuando la iglesia está en avivamiento, las reuniones de oración se vuelven poderosas; las personas tienen una pasión espiritual renovada y un intenso deseo de estar en la presencia de Dios. Por el contrario, como hemos venido analizando, cuando las personas no están bien ante el Señor, no tienen el deseo de buscar la presencia del Padre. Eso fue lo que les pasó a Adán y Eva en el jardín del Edén después de desobedecer a Dios. La evidencia de que estamos en avivamiento es que tenemos una relación presente, fuerte, íntima, continua y creciente con el Señor. Además, el peso de Su presencia en nosotros está ligado a la intensidad y validez de nuestra relación con Él.

LA EVIDENCIA DE NUESTRA RELACIÓN CON DIOS ES QUE SOMOS AVIVADOS POR SU ESPÍRITU.

Cuando nos encontramos justos delante de Dios, justificados por la fe en Cristo, nos sentimos cómodos en Su presencia, y no queremos alejarnos de Él. Queremos orar y adorar todo el tiempo, porque la oración y la adoración hacen que la presencia de Dios en nuestras vidas sea continua, no ocasional. Como expresé anteriormente, cuando esto sucede, Dios no solo nos "visita", sino que Él habita plenamente en nosotros y con nosotros. En hebreo, la adoración se entiende como un acto íntimo; significa encontrarse cara a cara con Dios. De hecho, no hay parte del cuerpo humano que pueda expresar más genuinamente un total sentido de intimidad que el rostro de una persona. Cuando huimos de alguien, cuando no hay intimidad con esa persona, no podemos mirarla a los ojos.

De una relación estrecha con Dios nace nuestro deseo de agradarle y servirle. Estamos dispuestos a obedecer Sus mandamientos. Cuando le decimos al Señor: "*¡Heme aquí!, envíame a mí*" (Isaías 6:8), realmente estamos afirmando nuestro compromiso con Él. Si no obedecemos a Dios, no tenemos una relación real con Él, porque no podemos amarlo sin servirlo, y no podemos servirlo fielmente sin amarlo. (Vea Juan 14:15; Lucas 16:13; 10:27). Jesús expresó esta idea claramente cuando Sus discípulos le preguntaron cómo se manifestaría a ellos después de regresar al cielo: "*El que me ama, mi palabra guardará; y mi Padre le amará, y vendremos a él, y haremos morada con él*" (Juan 14:23).

NUESTRA ORACIÓN, ADORACIÓN Y OBEDIENCIA A DIOS DEMUESTRAN QUE LO CONOCEMOS.

EMPODERAR A LOS CREYENTES PARA LA COSECHA

> *Miré, y he aquí una nube blanca; y sobre la nube uno sentado semejante al Hijo del Hombre, que tenía en la cabeza una corona de oro, y en la mano una hoz aguda. Y del templo salió otro ángel, clamando a gran voz al que estaba sentado sobre la nube: "Mete tu hoz, y siega; porque la hora de segar ha llegado, pues la mies de la tierra está madura".*
>
> (Apocalipsis 14:14–15)

El propósito final del avivamiento es capacitar a los creyentes para recoger la cosecha del último tiempo. Una vez más, ¡en estos tiempos finales seremos testigos de la mayor cosecha de almas que la iglesia haya visto jamás! La gente se volverá a Dios debido al sacudimiento de todas las cosas terrenales y temporales. Por lo tanto, una de las marcas del avivamiento del último tiempo será una gran movilización de personas que estén dispuestas a ganar almas. *"¿No decís vosotros: Aún faltan cuatro meses para que llegue la siega? He aquí os digo: Alzad vuestros ojos y mirad los campos, porque ya están blancos para la siega!"* (Juan 4:35).

El Espíritu Santo viene a llenarnos de poder para que podamos hacer lo que los discípulos de Jesús hicieron cuando recibieron el primer avivamiento de esta era: anunciar el evangelio del reino a los perdidos; demostrar el poder de Dios con milagros, señales y prodigios; y ganar personas para Cristo. Si no movilizamos a la iglesia para compartir el evangelio, el propósito final del avivamiento se perderá.

EL PROPÓSITO DEL AVIVAMIENTO SIEMPRE HA SIDO CAPACITAR A LOS CREYENTES PARA QUE SEAN TESTIGOS DE CRISTO.

ORAR POR LA COSECHA

Recuerde el orden del ciclo del último tiempo: el sacudimiento precede al avivamiento, y el avivamiento precede a la cosecha de almas de los últimos días. ¡Entonces, Jesús volverá! Necesitamos orar al Señor por la cosecha porque *"a la verdad la mies es mucha, más los obreros pocos"* (Mateo 9:37). El avivamiento es la respuesta de Dios a nuestra oración para que Él *"envíe obreros a su mies"* (versículo 38). El avivamiento del último tiempo despertará a los obreros de Dios; los llenará con Su presencia; los llevará a tener una íntima relación con el Padre a través de la oración, la adoración y la obediencia; y encenderá en ellos un fuego de pasión por los perdidos que necesitan la salvación. La iglesia debe ser reavivada para lograr su misión, porque su tarea suprema es la evangelización del mundo.

LA INTENCIÓN ORIGINAL DE DIOS PARA LA IGLESIA SIEMPRE HA SIDO LA EVANGELIZACIÓN DEL MUNDO.

TESTIMONIOS DE LOS ÚLTIMOS TIEMPOS

Sara forma parte del Ministerio El Rey Jesús en Miami y tiene un poderoso testimonio de una vida de oración y relación con Dios. Su hijo fue rescatado de las drogas por la mano de Dios, sin intervención humana.

> He sido testigo del poder de la oración. Durante dieciséis años, mi hijo fue adicto a las drogas. Incluso estuvo en la cárcel por consumo de drogas. Llevaba una vida inestable; salía de la cárcel, solo para volver a entrar. Como madre, no sabía qué más hacer. Lo llevé a diferentes médicos, incluso a especialistas. Llegó el momento en que me dijeron que no podían hacer nada más por él; me decían: "Su hijo va a morir". Pero Dios tenía otros planes. Sobrenaturalmente me conecté con el Ministerio El Rey Jesús, y allí aprendí el poder de la oración. Comencé a orar por la salvación de mi hijo y a buscar más de Dios. Aprendí sobre el poder de hacer un pacto con Dios, y comencé a declarar una promesa sobre mi hijo. Durante uno de los muchos pactos que hice, el Espíritu Santo me dijo: "¡Deja de lamentarte! ¡Deja de llorar! Es hora de luchar por la vida de tu hijo. Haz esto durante seis meses". Obedecí esa instrucción y comencé a guerrear por la vida de mi hijo, creyendo en las palabras que había recibido del Espíritu Santo. Al cabo de seis meses, de la noche a la mañana, mi hijo me llamó y me dijo: "Mamá, no sé por qué, pero no quiero volver a tomar drogas". En ese momento, supe que Dios lo había liberado y había cumplido Su promesa.
>
> Pero el testimonio no termina ahí. Resulta que, debido a las drogas, los dientes de mi hijo se estaban cayendo. Sus encías se estaban pudriendo. Oré por él, y ahora sus dientes están completamente sanos. Dios hizo un milagro creativo. Estoy inmensamente agradecida. Mi hijo era tan inestable, y su vida estaba en caos, pero Dios me mostró Su fidelidad. Ahora mi hijo es una persona completamente diferente, está sano y sirve a Dios; ha sido restaurado para Su gloria. Este era el avivamiento que estaba buscando en mi familia.

Anita Plummer, de Coral Springs, Florida, EE.UU., fue diagnosticada con una enfermedad cardiovascular que la mantuvo en tratamiento durante siete años. Mientras leía uno de mis libros, ella fue liberada de ataduras espirituales y, en el proceso, Dios sanó su corazón físico.

> En 2012 me diagnosticaron una enfermedad cardíaca. Después de haberme sometido a dos cirugías muy difíciles, el médico finalmente me dijo que mi condición era incurable. Con esa noticia, todo lo que me quedaba por hacer era confiar en Dios. En medio de este momento difícil, alguien me regaló varios libros del apóstol Guillermo Maldonado. Comencé a leerlos, y luego comencé a asistir a la iglesia. Poco a poco el hambre de lo sobrenatural comenzó a crecer dentro de mí y a causar un gran avivamiento en mi vida. A medida que avanzaba en la lectura de los libros y asistía a una Casa de Paz, Dios comenzó a hablarme. Mi mentor me profetizó diciendo: "La próxima vez que vayas al médico, no encontrarán nada malo en tu corazón". Creí esas palabras, y cuando llegó el día de ir al médico, el 25 de junio de 2019, el informe médico fue: "Tienes un corazón nuevo". ¡Un corazón nuevo! El médico me dijo: "Es como si nada le hubiera pasado a tu corazón. No hay enfermedad, no hay debilitamiento". ¡La sangre de Cristo y el poder de Dios me sanaron! Era una situación imposible, pero Dios es mi Sanador. ¡Que nadie más te diga que algo es imposible, porque nada es imposible para nuestro Dios!

CAPÍTULO 11

CONDICIONES PARA EL AVIVAMIENTO

El Espíritu Santo está llamando al avivamiento a aquellos creyentes del remanente que anhelan el regreso de Cristo. (Vea, por ejemplo, Filipenses 3:20; 2 Timoteo 4:8). Sin embargo, hay condiciones para que el avivamiento sea desatado. Sabemos que cuando hacemos nuestra parte, Dios fielmente hará la Suya. Por lo tanto, en este capítulo final, veremos las principales condiciones que debemos cumplir para que venga avivamiento a la iglesia de Cristo y para que haya una cosecha sin precedentes para el Señor. Consideremos cada una de estas condiciones cuidadosamente y en oración.

RESPONDA A LA CONVICCIÓN DEL ESPÍRITU

En un capítulo anterior, hablamos de cómo la influencia y la manifestación de la corrupción moral de la humanidad aumentaría sustancialmente en los últimos tiempos. En nuestros días estamos viendo cómo esto se desarrolla, tanto en la iglesia como en el mundo. La corrupción moral ha llevado a las generaciones recientes a estar confundidas sobre lo que es bueno y lo que es malo. En muchos aspectos de la vida, a lo que es malo ahora se le llama bueno y viceversa. Pero la Biblia nos advierte: "*¡Ay de los que a lo malo dicen bueno, y a lo bueno malo; que hacen de la luz tinieblas, y de las tinieblas luz; que ponen lo amargo por dulce, y lo dulce por amargo!*" (Isaías 5:20).

Hoy en día, lo que el mundo llama "libertad de elección" con frecuencia apunta a tomar una decisión moral que ofende abiertamente a nuestro Padre celestial. La creencia que prevalece es que la gente debería hacer lo que los hace "felices", aun si es abominable para Dios. Esta mentalidad no toma en cuenta si una acción o comportamiento es pecaminoso. Pecar es violar la ley de Dios, errar el blanco, torcer el camino, contristar el corazón de Dios ofendiéndolo en pensamiento, palabra y obra.

LIBRES DE PECADO

¿Cómo podemos ser libres de pecado y tener nuestra relación con Dios restaurada? Arrepintiéndonos de corazón. Recuerde que arrepentirse es reconocer que hemos hecho algo que desagrada a Dios, sentir una profunda convicción de que está mal, y que no podemos seguir haciéndolo. Solo cuando nos arrepentimos de todo corazón vamos a experimentar un cambio real. Es por eso que, en este tiempo de oscuridad espiritual, es importante para la iglesia continuar llamando al pecado exactamente como lo que es, en vez de ignorarlo o disfrazarlo. De otro modo, no sabremos que necesitamos arrepentirnos y recibir el perdón de Dios.

> *Clama a voz en cuello, no te detengas; alza tu voz como trompeta, y anuncia a mi pueblo su rebelión, y a la casa de Jacob su pecado.*
> (Isaías 58:1)

> *Porque todo aquel que invocare el nombre del Señor, será salvo. ¿Cómo, pues, invocarán a aquel en el cual no han creído? ¿Y cómo creerán en aquel de quien no han oído? ¿Y cómo oirán sin haber quien les predique?*
> (Romanos 10:13–14)

La convicción viene a nosotros a medida que el Espíritu Santo ilumina nuestros corazones y mentes con la verdad. (Como veremos en la siguiente sección, después de la convicción debería existir un profundo arrepentimiento). Sin el Espíritu Santo, no hay convicción de pecado. Cada vez que el Espíritu Santo ilumine nuestras conciencias mostrando lo que es desagradable a Dios, debemos aceptar Su convicción y rendirnos a Su corrección.

Como aprendimos en la parte I de este libro, estar bajo la convicción del Espíritu no es lo mismo que experimentar sentimientos de culpa o condenación. La condenación nos acusa, nos juzga y separa de Dios; no nos deja escapar de su círculo vicioso. En cambio, la convicción nos lleva al conocimiento de nuestro verdadero estado espiritual con el propósito de producir arrepentimiento, restauración con Dios y transformación. Una vez más, la convicción a menudo va acompañada por un profundo sentimiento de dolor en nuestro corazón por haber ofendido y desagradado a Dios, y nos da la certeza de que debemos hacer un cambio inmediato para volver a una relación correcta con Él.

Jesús dijo del Espíritu Santo: "*Y cuando él venga, convencerá al mundo de pecado, de justicia y de juicio. De pecado, por cuanto no creen en mí...*" (Juan 16:8–9). Tenemos que reconocer aquellos momentos en que el precioso Espíritu de Dios nos trae convicción, porque si no lo hacemos, nuestros corazones podrán endurecerse y no sentiremos más ese impulso del Espíritu. Todos estamos en un proceso de rendir a Dios ciertas áreas de nuestras vidas que no le agradan. Por lo tanto, no hagamos caso omiso de la voz del Espíritu Santo, o nuestros corazones correrán el riesgo de no escuchar Sus advertencias.

EXPERIMENTE PROFUNDO ARREPENTIMIENTO

La iglesia en su conjunto necesita un profundo y genuino arrepentimiento porque, como hemos ya analizado, ha estado espiritualmente dormida, adoptando las tendencias del mundo, para buscar complacer más a la gente que a Dios y atender más las demandas emocionales de las personas que la guía e inspiración del Espíritu Santo. Antes que exploremos lo que es el arrepentimiento, veamos lo que *no* es arrepentimiento. No es lo mismo que sentir remordimiento por algo que hicimos y que estaba mal. Tampoco es confesar nuestros pecados (aunque el arrepentimiento viene luego de haber reconocido y confesado nuestros pecados). Tampoco es solo una decisión mental de cambiar, o una respuesta emocional, como llorar o sentir temor por las consecuencias de nuestro pecado.

El arrepentimiento es algo más profundo y decisivo que todas esas reacciones al pecado. Es la obra del Espíritu Santo en nuestros corazones. En el libro de los Hechos, después que Pedro y Juan sanaron en el nombre de Jesús al hombre cojo de nacimiento que estaba en el Pórtico de Salomón, los apóstoles llamaron a las personas al arrepentimiento, diciendo: *"Así que, arrepentíos y convertíos, para que sean borrados vuestros pecados; para que vengan de la presencia del Señor tiempos de refrigerio"* (Hechos 3:19). Note que, en la redacción de este verso, el arrepentimiento precede a la conversión; es más, nuestros pecados son borrados debido a nuestro arrepentimiento.

En términos espirituales, arrepentimiento significa dar la espalda y alejarse de algo que desagrada a Dios: pecado, iniquidad, transgresión, maldad, injusticia. Es el acto voluntario de dar una vuelta en U y cambiar radicalmente de dirección, dejando de seguir la ruta de nuestros pecados para seguir el camino del Señor. Lo que Jesús anunció a la gente de Galilea hace más de dos mil años, nos lo vuelve a anunciar hoy: *"El tiempo se ha cumplido, y el reino de Dios se ha acercado; arrepentíos, y creed en el evangelio"* (Marcos 1:15). La palabra griega traducida como *"arrepentíos"* en este verso es *metanoeō*, que significa "pensar diferente o después; i.e. reconsiderar (mor. sentir compunción):—arrepentirse". El arrepentimiento provocado por el Espíritu Santo nos separa del pecado, de la transgresión, de la perversión moral y la maldad; nos separa de todo lo que entristece y desagrada a Dios, y que nos corta de nuestra relación con Él. *"¿O menosprecias las riquezas de su benignidad, paciencia y longanimidad, ignorando que su benignidad te guía al arrepentimiento?"* (Romanos 2:4).

EL ARREPENTIMIENTO GENUINO ES UN CAMBIO TOTAL DE MENTE Y CORAZÓN COMO RESULTADO DE VER LA BONDAD DE DIOS.

Parte del arrepentimiento es la confesión, porque a través de la ella admitimos expresamente la responsabilidad por nuestros pecados, manifestamos la necesidad de perdón en Cristo y declaramos nuestra disposición al cambio. La Biblia dice: *"Si confesamos nuestros pecados, él es fiel y justo para perdonar nuestros pecados, y limpiarnos de toda maldad"* (1 Juan 1:9). Después de confesar nuestros pecados, es necesario mantenernos lejos de pecar. Nuestra voluntad juega un rol importante en este proceso; tenemos poder para elegir cómo queremos vivir. No importa cuántos ataques demoniacos podamos experimentar, siempre tendremos el libre albedrío para decidir si queremos ceder al pecado o resistirlo, y tenemos la habilidad de clamar a Dios por ayuda. Satanás no puede actuar en contra de nuestra voluntad, que es la habilidad que tenemos para escoger entre las maldiciones o las bendiciones, la vida o la muerte, el cielo o el infierno. Nuestra firme decisión de renunciar al pecado y obedecer a Dios, el arrepentimiento genuino, la sincera confesión de pecados a Dios, así como la recepción de Su perdón, le quitarán al diablo el derecho de acceder y controlar nuestras vidas.

EL ARREPENTIMIENTO NOS PONE EN EL CAMINO A LA CONVERSIÓN VERDADERA, LO QUE NOS LLEVA A UN CAMBIO TOTAL DE VIDA.

CONVIÉRTASE

La palabra *conversión* tiene un significado poderoso que es sinónimo de *transformación*, que quiere decir cambiar de forma. *Transformar* significa "hacer cambiar de forma o aspecto (i.e. la oruga se transforma en mariposa); es hacer cambiar el carácter, las costumbres, etc., de una persona".[101] En términos del reino de Dios, si no somos transformados, no somos convertidos. El cambio es la evidencia de la conversión. Por ejemplo, una persona vivía enojada todo el tiempo, pero un tiempo después, tras haber aceptado a Cristo, comienza a exhibir un carácter tranquilo y silencioso, incluso cuando es agraviada, hasta que su ira desaparece por completo. O, alguien puede haber sido un mentiroso, borracho, traficante de drogas, adúltero, fornicario o idólatra, pero después de recibir la salvación, ya no es ese tipo de persona; ese individuo cambia y se transforma en una nueva persona. Tal cambio significa que el Espíritu Santo trajo la convicción de pecado a su vida y él o ella se arrepintieron genuinamente; como resultado, se convirtieron.

---

101. *WordReference.com*, s.v. "transformar", https://www.wordreference.com/definicion/Transformar.

EVIDENCIA DE CONVERSIÓN

Por lo tanto, la verdadera conversión se nota claramente en el carácter de uno. Hasta el día que el apóstol Pablo se convirtió, perseguía a los cristianos y los encarcelaba. Pero, en el momento que tuvo un encuentro directo con Jesucristo, su corazón fue iluminado por el Espíritu Santo, se arrepintió de sus pecados y su vida cambió por completo. Pasó de perseguir a los cristianos a ser perseguido por creer en Cristo y predicar el mismo evangelio del reino que predicó Jesús. Cuando Pablo se convirtió, Jesús lo envió a predicar a los gentiles (no judíos, paganos y extranjeros):

> *Ahora te envío* [a los gentiles], *para que abras sus ojos, para que se conviertan de las tinieblas a la luz, y de la potestad de Satanás a Dios; para que reciban, por la fe que es en mí, perdón de pecados y herencia entre los santificados.* (Hechos 26:17–18)

La pasión y el compromiso de Pablo con su nueva misión de vida refleja la autenticidad de su conversión.

CUANDO NOS ARREPENTIMOS SINCERAMENTE, EXPERIMENTAMOS VERDADERA CONVERSIÓN.

PERDÓN Y CONVERSIÓN

La Biblia nos enseña que una vez que Dios perdona nuestros pecados, Él los olvida. Usted podría preguntarse: "¿Cómo puede un Dios omnisciente olvidar nuestras ofensas tan fácilmente?" La respuesta nos la da Dios mismo en Isaías 43:25: *"Yo, yo soy el que borro tus rebeliones por amor de mí mismo, y no me acordaré de tus pecados"*. Además, el libro de Hebreos explica cómo el sacrificio de Jesús en la cruz, por el cual fuimos liberados del pecado, fue un sacrificio de *"una vez para siempre"* (Hebreos 7:27; 9:12; 10:10). A diferencia del sistema sacrificial del Antiguo Testamento, que ordenaba ofrecer cada año sacrificios de animales para expiar (tapar de forma temporal) los pecados del pueblo, Jesús, con Su sacrificio en la cruz, pagó por todos los pecados de la humanidad de una vez y para siempre. En

Hebreos 10:14 leemos: "*Porque con una sola ofrenda hizo perfectos para siempre a los santificados*". Unos cuantos versos más abajo, el autor de Hebreos cita a Dios diciendo: "*Y nunca más me acordaré de sus pecados y transgresiones*" (Hebreos 10:17).

Esto significa que una vez que Dios perdona nuestros pecados, estos son borrados para siempre. Nosotros que antes fuimos pecadores, ahora hemos sido hechos justos por la sangre de Cristo. Esto no significa que a veces no tengamos que pagar las consecuencias de nuestros pecados, especialmente si esos pecados afectaron las vidas de otros. Sin embargo, sí establece que, delante de Dios, hemos sido lavados y podemos una vez más tener una relación genuina con Él. Una vez que usted ha sido perdonado, no le permita al enemigo acusarlo otra vez o volver a traer culpa a su vida. Desde el momento en que Dios lo perdona, usted es libre. La sangre de Jesús ha borrado sus transgresiones, y usted está en camino hacia su verdadera conversión.

Sin embargo, permítame advertirle que, aunque usted ha sido perdonado por Dios y es libre de la opresión del pecado, Satanás no se rendirá fácilmente y tratará de atacarlo. El enemigo buscará hacerlo volver a su pecado de diferentes maneras. Puede que la gente a su alrededor trate de recordarle su pasado para sembrar culpa en su corazón y busque convencerlo de que su transformación es una mentira. Vendrán tentaciones a su vida para empujarlo a caer nuevamente en las mismas transgresiones pasadas, o en pecados peores. Pero ahora que ha recibido a Cristo, el Espíritu Santo vive dentro de usted para empoderarlo, y Jesús está a su lado para defenderlo. (Vea, por ejemplo, Romanos 8:26–27; Hebreos 7:25). No importa qué es lo que quiera venir en su contra, usted tiene que aferrarse al perdón que Dios ya le ha otorgado. No debe seguir pidiendo perdón por un pecado que ya ha sido perdonado. Recuerde que cuando Jesús murió, todos sus pecados murieron con Él; pero cuando Él resucitó de entre los muertos, usted también se levantó para una nueva vida en Cristo.

HUMÍLLESE

La mayoría de personas considera que el acto de humillarse tiene una connotación negativa porque, en su experiencia, aquellos que se humillan a sí mismos son maltratados por sus compañeros y por quienes están en niveles de autoridad, como los padres, maestros, jefes y gobernantes. Cuando las personas son humilladas por la burla o el abuso de otros, esto viola la dignidad que Dios mismo ha puesto en ellas como seres humanos hechos a Su imagen. Quienes han sido humillados de esta manera encuentran muy difícil rendir su voluntad a cualquiera, incluyendo a Dios. Ellos necesitan darse cuenta de que la humildad que Dios pide como condición para un avivamiento no tiene nada que ver con que sus derechos sean pisoteados o violados, sino más bien con reconocer su necesidad de Él y renunciar a su orgullo, ego, voluntad propia y arrogancia. Significa rendirse al amor y a los mandatos de Dios, que han sido instituidos para nuestro bien. Desafortunadamente, muchas personas han construido su identidad sobre el orgullo, más que en el entendimiento de que son hijos y herederos de Dios y coherederos junto con Cristo (vea, por ejemplo, Romanos 8:16–17), y se resisten a rendirse al Señor.

Humillarnos delante de Dios es una señal de total dependencia de Él. Es un acto de la voluntad, y es la puerta de entrada a la presencia de Dios. No hay sustituto para la humildad porque *"Dios resiste a los soberbios, y da gracia a los humildes"* (Santiago 4:6). Así, para muchas personas los mayores obstáculos para arrepentirse son sus heridas y su orgullo; para ellos, humillarse es un acto de debilidad. El orgullo oculta nuestra verdadera condición porque queremos preservar una imagen falsa de nosotros mismos, a cualquier precio. Sin embargo, Dios —que nos conoce por completo y entiende cómo funcionamos, porque Él nos creó— quiere que nos humillemos voluntariamente. Esa es la clave para ser perdonados, para comprender y recibir nuestra identidad como hijos de Dios y para vivir en verdadera y completa libertad.

LA HUMILDAD SIEMPRE ATRAERÁ A DIOS, PERO EL ORGULLO LO ALEJARÁ.

La mejor manera de humillarse a sí mismo es examinar su corazón y reconocer su propia condición de orgullo. Como describí previamente, cuando las personas no se humillan a sí mismas, Dios las humillará: *"Porque cualquiera que se enaltece, será humillado; y el que se humilla, será enaltecido"* (Lucas 14:11). Esta humillación por parte de Dios no solo se producirá dentro de la iglesia, sino también en el mundo, entre los inconversos. Los que han rechazado al Mesías no serán llevados por Él en el rapto y sufrirán el juicio en Su segunda venida. Por lo tanto, *este es el tiempo de escoger* entre la muerte eterna y la vida abundante que Dios nos ofrece. Si queremos un avivamiento que nos lleve a la salvación, restauración y verdadera conversión, tenemos que deshacernos del orgullo y humillarnos delante de Dios, para que Él pueda sanar nuestros corazones y transformarnos por completo.

DESARROLLE HAMBRE DIVINA

¿Está usted satisfecho con el cristianismo tradicional o anhela avivamiento? ¿Está usted contento con leer la Biblia como un libro de historia, o está hambriento por recibir revelación de la Palabra viva? Si usted quiere religión y tradición, en el mundo hay bastante de ambas, pero le advierto que lo mantendrán en una atmósfera espiritual muerta. Para recibir un avivamiento del Espíritu Santo tenemos que estar espiritualmente hambrientos. Dios no derramará Su Espíritu sobre gente que no anhela Su presencia desesperadamente. Tristemente, tengo que admitir que aún no he visto un hambre espiritual intensa entre los creyentes, excepto en unas pocas ocasiones. La gente tiene que saber que el avivamiento no viene solo por la fe, simplemente creyendo que puede pasar. Si usted revisa el resumen de los avivamientos históricos en el capítulo 7, notará que cada avivamiento comenzó con gente que tenía hambre de Dios; gente que clamó, oró, ayunó y pagó un alto precio espiritual para ver ese avivamiento. Esa hambre aumenta nuestra capacidad de llenarnos del Espíritu Santo; nos lleva a realizar actos desesperados para acercarnos a Dios, para pagar un precio que nunca imaginamos pagar, para rendir todo con el fin de experimentar un derramamiento del cielo.

SOLO UN HAMBRE DESESPERADA POR LA MANIFESTACIÓN DEL ESPÍRITU SANTO TRAERÁ EL AVIVAMIENTO DE LOS ÚLTIMOS TIEMPOS A NUESTRA GENERACIÓN.

ORE Y AYUNE

El origen de prácticamente todo lo que Dios hace entre Su pueblo en la tierra se encuentra en la oración y el ayuno. La oración es como un imán que atrae todo lo que Dios quiere darles a Sus hijos. También es la que traerá el mayor avivamiento de la historia desde el derramamiento del Espíritu en Pentecostés. La oración es la que acelerará el tiempo de la aparición de Jesús.

¡Es tiempo de orar, ayunar y humillarnos en la presencia del Señor! Nuestras oraciones no volverán vacías, sino que moverán el cielo a nuestro favor. La Biblia está llena de ejemplos de movimientos sobrenaturales que fueron provocados por la oración. Por ejemplo, cuando Josué oro, *"el sol se detuvo"* hasta que venció a sus enemigos. (Vea Josué 10:12–13). Cuando Elías oro, cayó fuego del cielo y consumió el holocausto, y los profetas del falso dios Baal fueron derrotados (vea 1 Reyes 18:30–40); luego, por intercesión del mismo profeta, Dios envió una "lluvia torrencial" para poner fin a una época de grave sequía (vea 1 Reyes 18:41–46). Jesús oró al Padre para que Sus discípulos fueran guardados de las asechanzas del mundo (vea Juan 17:9–11), y hay incontables ejemplos más de las respuestas a Sus oraciones, hasta el día de hoy.

EL GRAN AVIVAMIENTO DE LOS ÚLTIMOS TIEMPOS VENDRÁ CUANDO LA IGLESIA DOBLE SUS RODILLAS EN ORACIÓN Y AYUNO.

BUSQUE SUPREMA ALABANZA Y ADORACIÓN

Muchos creyentes desconocen el principio divino por el cual Dios se mueve primero en la dimensión del sonido. Para ponerlo de manera sencilla, el universo entero fue creado al mandato de la voz de Dios, y el sonido de Su voz siempre precederá Sus obras. Por eso, el tipo de alabanza que los cristianos le dan cuando se reúnen para adorarlo es muy importante. Dios quiere que toquemos y cantemos melodías que provengan de Su Palabra y Su Espíritu, que traigan la atmósfera del cielo a la tierra, que lleven el sonido del avivamiento. Por lo tanto, debemos remover la vieja atmósfera cargada de melancolía del pasado y traer una nueva atmósfera donde el Espíritu Santo pueda moverse en libertad.

Las victorias pasadas son buenas, pero ya pasaron. Hoy, Dios está haciendo algo nuevo. Hay nuevas almas que ganar y nuevos territorios que conquistar para el reino de Dios. Nuestra alabanza y adoración no puede ser convencional, ritualista, aburrida o plana. Por el contrario, debe incluir nuevos cánticos espirituales con contenido profético que desaten el movimiento del Espíritu entre Su pueblo; una alabanza y adoración que siempre esté en ascenso, que lleve a la gente a la presencia de Dios y traiga Su presencia a la gente, que invite a un derramamiento del Espíritu. Esa es la suprema alabanza y adoración que nos llevará al avivamiento.

DIOS SE MUEVE EN LA DIMENSIÓN DEL SONIDO, Y EL UNIVERSO ENTERO FUE CREADO AL SONIDO DE SU VOZ.

HAGA DECLARACIONES PROFÉTICAS

Como indiqué anteriormente, todos los movimientos del Espíritu requieren la edificación de una atmósfera espiritual. Eso ocurre no solo a través de nuestras oraciones, ayuno y adoración, sino también a través de nuestras declaraciones proféticas. Todos estos elementos, juntos, crean un "momentum" o un impulso espiritual que, en su clímax (en su momento culminante), activa el avivamiento. Cuando continuamente hacemos declaraciones proféticas basadas en la Palabra de Dios y en la revelación de Su Espíritu, estas declaraciones se acumulan como una masa de poder espiritual. Mientras más gente alimente esa atmósfera, más cerca estaremos de un derramamiento. Cuando la copa de oración, ayuno, adoración y profecía llegue a su punto culminante, inevitablemente habrá un derramamiento del Espíritu y vendrá algo nuevo.

LA ATMÓSFERA DEBE SER PROPICIA AL ESPÍRITU DE DIOS PARA QUE HAYA AVIVAMIENTO.

Toda atmósfera espiritual que construyamos debe ser propicia para el avivamiento. Si no lo es, el Espíritu Santo no se moverá trayendo ese despertar. De alguna manera, la iglesia tiene que provocar el avivamiento siendo activa en la oración, la intercesión, la alabanza, la adoración y las declaraciones proféticas. Las proclamaciones proféticas del Espíritu en el ahora —sumadas a lo que declaran la profecía bíblica y las profecías dadas a lo largo de los siglos y que aún no se han cumplido— impulsarán el avivamiento de los últimos tiempos y la venida de Cristo, "*a quien de cierto es necesario que el cielo reciba hasta los tiempos de la restauración de todas las cosas, de que habló Dios por boca de sus santos profetas que han sido desde tiempo antiguo*" (Hechos 3:21).

TIEMPOS DE REFRIGERIO

Regresemos al tema de Hechos 3:19: "*Así que, arrepentíos y convertíos, para que sean borrados vuestros pecados; para que vengan de la presencia del Señor tiempos de refrigerio*". Aquí la palabra "borrar" significa "desvanecer" o "eliminar". Es "hacer que desaparezca totalmente una cosa".[102] Cuando nos arrepentimos, el Señor borra todos nuestros pecados y nos convertimos en nuevas criaturas en Su presencia. La expresión "*tiempos de refrigerio*" se refiere a un estado de absoluta confianza y reposo en la presencia de Dios.

Dios está restaurando Su presencia en medio de Su pueblo. La palabra griega traducida como "*refrigerio*" en el versículo anterior es *anapsyxis*, que significa "recuperar el aliento, o sea, avivamiento (en sentido figurado)". Cuando nos arrepentimos y experimentamos una verdadera conversión, tiempos de refrigerio, avivamiento y descanso vienen a nuestra vida personal, familiar y ministerial. Por tal motivo, durante los últimos tiempos la iglesia estará en descanso, mientras que el mundo estará sumido en caos y confusión.

Es hora de ceder a toda convicción que el Espíritu Santo traiga a nuestro corazón. Si no nos arrepentimos de nuestras transgresiones e iniquidad, continuaremos en un ciclo de pecado. ¿Esconde en su corazón un sentimiento profundo de haber ofendido a Dios? ¿Qué pecado personal o familiar puede el Espíritu Santo estar trayendo a su mente y corazón para que pueda arrepentirse en este momento? Le pido al Señor que Su Santo

---

102. *WordReference.com*, s.v. "borrar", https://www.wordreference.com/definicion/borrar.

Espíritu ilumine su conciencia y le traiga convicción de pecado. Cuando esto suceda, ríndase a esa convicción, arrepiéntase, confiese su pecado y vuélvase al Señor. Esa es la condición para que Dios traiga un avivamiento a su vida que incluya los *"tiempos de refrigerio"* prometidos en Su Palabra.

TESTIMONIOS DE LOS ÚLTIMOS TIEMPOS

Hace unos años, después de mucha oración, el Señor nos abrió las puertas para llevar a Sudáfrica el avivamiento que está ocurriendo en nuestro ministerio. Entre los miles de testimonios que escuchamos y registramos allí, quiero compartir la historia de dos jóvenes que fueron activados no solo por las enseñanzas e imparticiones del poder sobrenatural de Dios a través de nuestro ministerio, sino también a través de nuestros materiales de discipulado, tales como libros y videos. Después de pasar años en iglesias espiritualmente secas, finalmente pudieron ver fluir el poder de Dios a través de sus vidas.

> Mi nombre es Pastor Wayne y he visto a Dios obrar milagros, señales y maravillas. Él ha hecho tanto a través de la búsqueda en oración de los miembros de nuestra congregación, que ha sido una experiencia que ha cambiado por completo mi perspectiva de lo sobrenatural. En nuestras reuniones de oración hemos venido enseñando con el material del Ministerio El Rey Jesús. Como resultado, hemos podido experimentar no solo el poder de Dios, sino también algo tangible que Él está haciendo. Un día oré a la orilla de un río que había estado seco durante más de cincuenta años y, dos meses después, el río estaba lleno de agua. Dios realmente ha hecho mucho más de lo que llegamos a imaginar y hemos podido ver el poder de Su amor por Su pueblo.

> Mi nombre es Petrus Mashwele, y estoy muy agradecido con Dios por todo lo que ha hecho. He podido presenciar Su poder en una nueva dimensión, lo que verdaderamente ha provocado un gran avivamiento. Solía asistir a una iglesia muerta; pero sucedió que muchos de los miembros tuvieron un encuentro con Dios y llegó una nueva ola de Su poder. Después de leer los libros del Apóstol Guillermo Maldonado nos activamos para movernos en

lo sobrenatural. Por ejemplo, tenemos el caso de una persona con VIH, a quien la ministramos y fue sanada por el poder de Dios. En otro ejemplo, una mujer que no tenía trompas de Falopio, pudo concebir. Hoy tiene un bebé en sus brazos gracias a nuestras oraciones y a la convicción de que Dios sigue haciendo milagros. ¡Ha habido tantos milagros, señales y maravillas! ¡Es grandioso ver que Dios todavía sana a la gente! Estamos agradecidos de ser parte de este movimiento y esperamos con ansias el gran avivamiento que está por venir.

El apóstol Israel Daniels y su esposa, Courtney, vivían en los Estados Unidos cuando Dios los llamó a plantar un ministerio en Sudáfrica. Después de su traslado, se conectaron con nuestro ministerio y comenzaron a ver que el avivamiento y la transformación también se manifestaban en su ministerio. ¡Cosas tremendas están sucediendo en esa parte del mundo!

Mi nombre es Israel Daniels. Yo era musulmán, pero el Señor me salvó y me sacó de esa religión. Hace siete años el Señor nos dijo a mi esposa y a mí que nos mudáramos a Ciudad del Cabo, Sudáfrica, que se encuentra en la costa suroeste del país. Fuimos en obediencia a Dios y entonces empezaron a suceder cosas sobrenaturales, incluyendo milagros, así como un cambio en nuestro ministerio. De repente, personas con SIDA empezaron a ser sanadas. ¡Tenemos la documentación de antes y después!

Hace siete meses el Señor nos habló mientras orábamos y ayunábamos. Nos dijo que, en este punto de nuestro ministerio, y debido a las naciones que nos estaba entregando para ser ganadas para el evangelio, necesitábamos someternos a una cobertura espiritual. Entonces, fuimos al Ministerio El Rey Jesús buscando la cobertura del Apóstol Maldonado. Después de conectarnos con el ministerio del Apóstol a través de la Internet, empezamos a notar una diferencia.

Un día mi esposa y yo estábamos atendiendo una clase en línea de la Universidad del Ministerio Sobrenatural en nuestra habitación. Y en un momento dado, el Apóstol Maldonado estaba ministrando y dijo: "Los lugares, las personas y las cosas te responderán". Estábamos recibiendo revelación desde la presencia de Dios, y de repente grité: "¡Kenia!" Mi esposa pensó que íbamos a viajar a Kenia. Cuatro días después, recibí un mensaje a través de Facebook de alguien que me dijo que había estado mirando nuestras publicaciones y que tenía propiedades en Kenia (escuelas, hospitales y más). Todo lo que teníamos que hacer era plantar una iglesia allí. Mi esposa y yo fuimos a Kenia hace unos meses y, para la gloria de Dios, estamos plantando una iglesia allí. Dios nos está dando las naciones. Hemos visto cómo Él se mueve poderosamente en el Ministerio El Rey Jesús y estamos llevando ese avivamiento a varios países.

CONCLUSIÓN: UN TIEMPO DE CONSAGRACIÓN

Estamos viviendo tiempos de sacudimiento que conducirán a un mover sin precedentes del Espíritu Santo, en avivamiento y admirables manifestaciones de la gloria de Dios. En el mundo de hoy estamos viendo el cumplimiento de señales de los últimos tiempos —tales como plagas (epidemias y pandemias), guerras y rumores de guerra— que apuntan al juicio de Dios y a la venida del Señor. Sin embargo, para la iglesia de Cristo, las señales que apuntan a la venida del Señor son diferentes a las del mundo; las nuestras incluyen *"tiempos de refrigerio"* (Hechos 3:19), grandes avivamientos y cosechas. Para la iglesia, Cristo viene como Redentor; pero para el mundo, Él viene como Juez.

Oro para que cada persona que lea este libro comience a caminar en obediencia a la santa Palabra de Dios. Oro que usted camine en el temor del Señor. Oro para que el Padre celestial lo establezca como uno de Sus testigos en los últimos tiempos y reciba un avivamiento en su vida, en la vida de su comunidad y de su nación como nunca lo ha experimentado.

Hoy profetizo que habrá varios tipos de portales sobre los Estados Unidos y otras partes del mundo. En algunos lugares, habrá un enorme portal que cubrirá una gran zona geográfica; en otros lugares, habrá un portal más pequeño como si fuera una puerta; aun en otros, el portal será un solo creyente. Lo importante es que estos portales darán a las personas acceso a la Fuente de donde fluye el poder de la resurrección. El Espíritu

Santo realizará actos soberanos de Dios, desatará avivamientos en muchos lugares al mismo tiempo. Dondequiera que haya portales de cualquier tipo, habrá cielos abiertos a través de los cuales el poder de Dios fluirá en avivamiento.

Veo en el Espíritu que la luz de Dios en esos lugares de avivamiento crecerá; después, esa luz comenzará a multiplicarse. De repente, todos los estados de los Estados Unidos tendrán la manifestación de una faceta del Espíritu Santo. Habrá diferentes énfasis según el lugar y la gente en particular, lo que hará que cada avivamiento sea distinto. No serán uniformes ni metódicos. Veo que, al final de este último avivamiento de la era de la iglesia, las luces individuales convergerán repentinamente en un lugar, y cada creyente del remanente se convertirá en uno en el Espíritu y en Su poder divino. Este avivamiento de los últimos tiempos será global. Reitero, no será como otros avivamientos, sino que será algo totalmente nuevo.

EL AVIVAMIENTO NOS DEVOLVERÁ COMPLETAMENTE A LA PRESENCIA DE DIOS Y RENOVARÁ NUESTRA RELACIÓN CON ÉL.

EL RUGIR DEL AVIVAMIENTO

Recientemente, el profeta Tracy Cooke le dio al Ministerio El Rey Jesús una palabra de parte de Dios:

> Vi un montón de autobuses, uno tras otro, dirigiéndose a la iglesia; estaban llegando. Vi miles de personas entrando; eran tantas que no cabían; no había más espacio en el templo. En la visión, el Señor mostró que hay que buscar otro lugar. Vi al León de Judá rugiendo dentro del templo. Había una nube sobre la gente. Las palabras están cambiando sobre esta casa. El aliento del Espíritu Santo está soplando. El Señor dijo: "Estoy rugiendo desde esta casa al mundo entero. Estoy rugiendo avivamiento en esta casa". Dentro de la iglesia, vi [Su] mano como una nube. Por alguna razón, [esta]

golpeó más fuerte el lado derecho que el izquierdo. Vi que tres ángeles se acercaban al altar. El poder era cada vez más fuerte, y la gente estaba recibiendo un rompimiento financiero. Dios estaba haciendo algo con sus familias.

Esta visión del avivamiento tardará meses o quizás años en materializarse. Es nuestro trabajo prepararnos para el avivamiento de los últimos tiempos mediante el arrepentimiento, la oración, la adoración, las ofrendas, etc. Dios nos dio esta visión y palabra profética para traer avivamiento del cielo a la tierra a través de la oración. Por lo tanto, para nosotros, estos son tiempos de consagración, ayuno y búsqueda del Señor, porque queremos que nuestra iglesia sea un portal de avivamiento para los Estados Unidos y para muchas otras ciudades y naciones de la tierra. Usted también tiene el llamado a prepararse para el avivamiento de los últimos días, a seguir lo que el Señor le guíe a hacer, y a consagrar su vida para preparar el regreso del Señor.

ORACIÓN DE RESTAURACIÓN

Si le interesan los temas espirituales, pero aún no se ha identificado como parte de la novia de Cristo —si el dolor, la amargura o las distracciones lo han alejado de la casa de Dios—, hoy el Señor quiere sanar su corazón y restaurarlo como miembro de Su remanente elegido. ¿Por qué su corazón necesita ser sanado? Porque si no está abierto a ser transformado, la condición de su vida será peor. *"El que es injusto, sea injusto todavía; y el que es inmundo, sea inmundo todavía; y el que es justo, practique la justicia todavía; y el que es santo, santifíquese todavía"* (Apocalipsis 22:11).

El Espíritu Santo nos trae momentos de convicción para revelar nuestro estado espiritual y llevarnos al arrepentimiento y la conversión. Si usted reconoce que se ha alejado de Dios, su Padre celestial lo está llamando y esperando con los brazos abiertos, listo para perdonarlo, sanarlo y llenarlo de Su Espíritu. Si no reconoce que está alejado de Dios o se niega a cambiar sus costumbres pecaminosas, es porque su terca voluntad se está interponiendo en el camino de la restauración que necesita; está bloqueando la obra de Dios en su vida. Si prefiere ceder a la tentación, es señal de que se está alejando del Señor, porque el diablo solo puede tentarlo con lo que observa que usted desea. Cuando las personas comienzan a comprometer principios, el pecado viene fácilmente. Si continúan cometiendo los mismos pecados, diciéndose a sí mismos que hacerlo no tiene importancia, se están alejando de la presencia de Dios y del llamado para sus vidas. Nadie que practica el pecado puede entrar al cielo. Si cree que es salvo, pero no le preocupa pecar, ha caído en un engaño; su conciencia está cauterizada porque no puede resistir al mal. ¡Ha comprometido la verdad y necesita arrepentirse ahora! Recuerde, si usted no se juzga a sí mismo, después será juzgado por Dios, y no habrá oportunidad de arrepentimiento. ¡Ahora es el tiempo!

Permítame hacer una oración por usted ahora mismo:

> Padre, en el nombre de Jesús, ato todo espíritu enemigo que lleva a Tus hijos a alejarse de Ti, a desviarse de Tu santidad y verdad. Ato espíritus de lujuria, perversión y rebelión. Libero la voluntad y las emociones de Tus hijos de toda influencia de la carne y del enemigo. Rompo toda influencia negativa sobre sus almas. Ato los espíritus que se encuentran en la atmósfera de sus hogares, en sus relaciones familiares y todas sus demás asociaciones. Ato la obra de iniquidad en sus vidas; ato el espíritu de orgullo y el espíritu que se rebela contra la verdad en sus almas. ¡Se rompen! ¡Se rompen! ¡Se rompen, en el nombre de Jesús! Libero a los lectores de toda cautividad con la que han estado luchando. Y ahora, desato sobre ellos un celo santo por la verdad, para que no comprometan los principios del reino. Los libero en el nombre de Jesús. Las estrategias del diablo para alejarlos de Ti Señor Jesús han sido anuladas.
>
> Espíritu Santo, ven ahora con aceite fresco y toca cada parte de sus vidas que aún no te han rendido. Toca Señor sus corazones. Declaro que, a partir de este día, dejarán de apartarse de Ti y volverán a Tus brazos y a Tu presencia. ¡Amén!

Dios reparará cada área de su alma que haya sido herida. Él avivará su espíritu y hará que sea parte del remanente, esa iglesia gloriosa por la cual Cristo viene pronto. Le exhorto a buscar la presencia del Dios Todopoderoso, a caminar sobriamente en santidad y a vivir con rectitud ante el Señor. Oro para que desee apasionadamente agradar a Dios e interceda para que Él traiga el avivamiento final del Espíritu Santo sobre todos los pueblos de la tierra, para que así *"se doble toda rodilla* [...] *y toda lengua confiese que Jesucristo es el Señor, para gloria de Dios Padre"* (Filipenses 2:10–11), y para que se acelere el cumplimiento de la palabra en Apocalipsis 11:15 que dice: *"Los reinos de este mundo han venido a ser de nuestro Señor y de Su Cristo y Él reinará por los siglos de los siglos."* ¡*Amén!*

ACERCA DEL AUTOR

El Apóstol Guillermo Maldonado es el pastor principal y fundador del Ministerio Internacional El Rey Jesús, en Miami, Florida, una iglesia multicultural, considerada como una de las de más rápido crecimiento en los Estados Unidos. El Ministerio El Rey Jesús está fundado en la Palabra de Dios, la oración y la adoración, y actualmente tiene una membresía de más de 18 mil personas en los Estados Unidos, incluyendo la iglesia principal en Miami, sus sedes, iglesias hijas y la iglesia en línea. El Apóstol Maldonado también es padre espiritual para más de 400 iglesias en 60 países, incluyendo Estados Unidos, América Latina, Europa, África, Asia y Nueva Zelanda, las cuales forman la Red Global Sobrenatural, que representa a más de 705 mil personas. También es fundador de la Universidad del Ministerio Sobrenatural (USM). La edificación de líderes de reino y las manifestaciones visibles del poder sobrenatural de Dios distinguen a este ministerio, así como el número de sus miembros que constantemente se multiplica.

El Apóstol Maldonado es un escritor con récord de ventas a nivel nacional, que ha escrito y publicado más de cincuenta libros y manuales, muchos de los cuales han sido traducidos a otros idiomas. Sus libros con Whitaker House incluyen *Jesús regresa pronto, Creados para un propósito, Oración de rompimiento, Ayuno de rompimiento, Una vida libre de estrés, Cómo caminar en el poder sobrenatural de Dios, La gloria de Dios, El reino de poder, Transformación sobrenatural, Liberación sobrenatural* y *Encuentro divino con el Espíritu Santo,* todos los cuales están disponibles en inglés y español. Además, predica el mensaje de Jesucristo y Su poder redentor en su programa internacional de televisión, *Lo sobrenatural ahora.* El Apóstol Maldonado tiene un doctorado en consejería cristiana de Vision International University y una maestría en teología práctica de Oral Roberts University.